Archana und andere Sanskrit-Gebete

mit deutscher Übersetzung

I0153230

Mata Amritanandamayi Center
San Ramon, Kalifornien, Vereinigte Staaten

Archana und andere Sanskrit-Gebete

mit deutscher Übersetzung

Veröffentlicht von:
Mata Amritanandamayi Center
P.O. Box 613, San Ramon, CA 94583, Vereinigte Staaten

International: www.amma.org
In Deutschland: www.amma.de
In der Schweiz: www.amma-schweiz.ch

Tyāgenaike amṛtatvamānaśuḥ

Nur durch Entsagung wird Unsterblichkeit erreicht.

– Kaivalya Upaniṣad

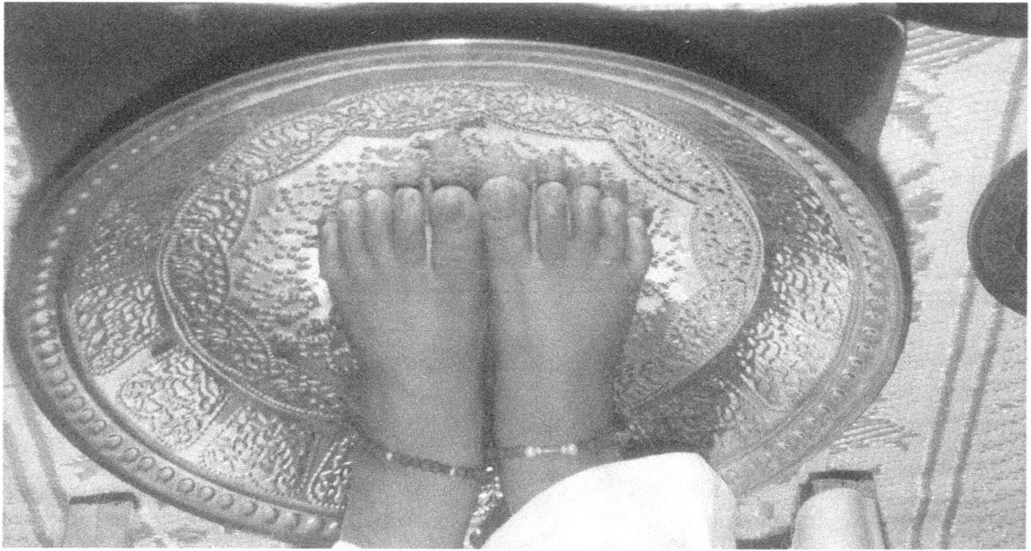

Inhalt

Vorteile durch das Archana

„Das Archana zu rezitieren, bringt Glück für die Familie und Frieden für die Welt. Die Auswirkungen vergangener Fehler werden beseitigt und wir erhalten die Stärke, die Wahrheit zu verstehen und ihr entsprechend zu leben. Wir werden ein langes Leben haben und Wohlstand genießen. Die gesamte Atmosphäre wird gereinigt. Durch die Rezitation von Lalita Sahasranama wird die Energie in jedem Nerv unseres Körpers erweckt. Diese Puja vertreibt jeglichen schädlichen Einfluss, der durch unsere Vorfahren oder durch Verwünschungen von anderen Menschen entstanden ist. Durch das Rezitieren des Archanas besteht keine Notwendigkeit für meine Kinder, auf besondere Rituale zurückzugreifen, um solche negativen Effekte abzuwehren, denn die Kraft, die ihr mit dieser konzentrierten Puja erlangt, kann kein Priester oder Mantravadin in tausend Jahren der Verehrung erreichen. Wenn wir mit einem offenen Herzen beten, verschwinden solche negativen Auswirkungen und niemand muss sich mehr vor ihnen fürchten. Doch es wird weiterhin im Leben schwierige Zeiten geben, diese kommen nicht von den Verwünschungen anderer. Lasst euch davon nicht verunsichern. Wer das Archana rezitiert, braucht nichts anderes zu tun. Alles Übel wird beseitigt.“

– Amma

Mānasa Puja

Ammas Anweisungen für die mentale Verehrung der geliebten Gottheit während der Meditation

Sitze bequem und aufrecht und fühle tiefen, erfüllenden Frieden in dir. Atme langsam, tief und bewusst für 2-3 Minuten. Mit geschlossenen Augen singe ‚Om' dreimal und stelle dir vor, wie das ‚Om' vom Nabel bis zum Sahasrāra (Scheitel-Chakra) aufsteigt. Dann visualisiere, wie alle schlechten Gedanken und negativen Gesinnungen aus dir herausfließen.

Anschließend stelle dir vor, wie die göttliche Mutter vor dir steht, dich mitfühlend anblickt und lächelt. Dabei rufe wiederholt voller Hingabe, Liebe und tränenreicher Sehnsucht: „Amma, Amma, Amma".

Genieße für eine Minute die wunderbare Schönheit der göttlichen Mutter und visualisiere jeden Teil Ihrer göttlichen Gestalt. Verbeuge dich zu Ihren

Lotusfüßen, und fühle wie deine Stirn Ihre heiligen Füße berührt. Bete zu Ihr: „Oh, Mutter, ich suche Zuflucht bei dir. Du bist die einzige dauerhafte Wahrheit und mein einziger Rückhalt. Nur du kannst mir wahren Frieden und Freude geben. Verlasse mich nicht! Gib mich nicht auf!"

Visualisiere anschließend die strahlende Gestalt Devis auf deinen Handinnenflächen. Die Strahlen des Mitgefühls aus Devis Augen umhüllen dich. Streiche mit deinen Händen erst über das Gesicht und dann über den ganzen Körper von oben nach unten. Fühle, wie die göttliche Energie dich durchdringt und alles Unglück und Ungute vertrieben wird.

Wiederhole ununterbrochen, nur die Lippen bewegend, ohne Ton während der Puja: „Amma, Amma, Amma. Verlass mich nicht! Lasse mich nicht allein!"

Stelle dir dann vor, dass du Mutter badest. Während du etwas Wasser auf Ihren Kopf gießt, beobachte, wie es über jedes Körperteil bis zu Ihren Lotusfüßen fließt. Fahre mit der rituellen Waschung fort, indem du nacheinander

Milch, Ghee, Honig, Sandelpaste und Rosenwasser nutzt. Genieße bei jedem Schritt die Schönheit von Mutters Gestalt. Stelle dir vor, dass du durch diese Darbringung deinen eigenen gereinigten Mind Mutter hingibst.

Als nächstes nimm Vibhuti (heilige Asche), lasse diese über Mutter rieseln, bis sie langsam Ihre Füße erreicht. Danach streue Blumen über Mutters Kopf. Anschließend nimm ein schönes Handtuch und trockne Ihr Gesicht und Ihren Körper. Ziehe Ihr einen schönen Sari an, so als würdest du dein eigenes Kind kleiden. Bete zu Ihr: „Oh Mutter, komm in mein Herz. Nur wenn du in meinem Herz weilst, kann ich den rechten Weg beschreiten.“

Trage etwas Parfüm auf und schmücke Devi mit Ohrringen, Halskette, Gürtel, Fußkettchen und anderem erlesenem Schmuck. Mit dem Ringfinger trage etwas Kumkum auf Ihre Stirn auf und setze Mutter eine mit Juwelen besetzte Krone auf. Lege Ihr dann eine Girlande um und betrachte, genieße Mutters unvergleichliche, makellose Schönheit. Lasse deinen Blick von

Ihrem Kopf zu Ihren Füßen und von den Füßen wieder zum Kopf wandern. Sprich wie ein Kind, das über alles mit seiner Mutter redet. Bete zu Ihr: „Oh, Mutter, du bist reine Liebe. Aufgrund meiner Unreinheiten verdiene ich deine Gnade nicht, mein Egoismus und meine Selbstsucht müssen für dich abstoßend sein. Bitte ertrage mich, Mutter, bitte bleibe bei mir! Du bist der heiligste Fluss, ich bin nur ein stagnierender, schmutziger Teich. Du fließt in mich und reinigst mich, du übersiehst meine Unzulänglichkeiten und vergibst mir meine Fehler."

Schreibe mit Sandelpaste ‚Om' auf Mutters Füße und reiche Ihr dreimal Blumen als Opfergabe dar. Nun, nachdem du das Dhyānam (S.9) in meditativer Stimmung rezitiert hast, beginne das Sahasranāmāvali zu rezitieren, ‚Om śrī matre namaḥ' als erstes (wenn ihr in einer Gruppe rezitiert, ist die Antwort auf jedes Mantra: ‚Om parāśaktyai namaḥ'). Mit jedem Mantra, das du rezitierst, stelle dir vor, eine Blume von deinem Herzen zu pflücken und diese zu Mutters

Lotusfüßen darzubringen (Die Blumen stehen für dein reines Herz.). Wenn die ‚tausend Namen' zu Ende rezitiert wurden, sitze einige Minuten lang in Stille und spüre, wie sich die göttlichen Schwingungen in deinem ganzen Wesen ausbreiten.

Visualisiere, wie du Mutter süßen Brei als Naivedya (heilige Essensopfergabe) aus deiner Hand anbietest und wie Sie ihn genießt. Das wirkliche Naivedya ist deine reine Liebe für Mutter. Wenn du gerne singst, singe ein Lied für Mutter und stelle dir vor, dass Mutter zu deinem Lied tanzt. Tanze mit Ihr. Doch dann, plötzlich hält Sie mitten im Tanz inne, und läuft weg. Laufe Ihr hinterher, bis du Ihr nahekommst. Rufe laut aus: „Oh Mutter, warum verlässt du mich? Warum lässt du mich in diesem Samsāra-Wald zugrunde gehen? Ich verbrenne im Feuer der Weltlichkeit. Komm, hebe mich auf und rette mich!“ Da hält Mutter an, wendet und breitet Ihre Arme aus, dabei ruft Sie dich. Laufe zu Ihr und umarme Sie. Du setzt dich auf Mutters Schoß. Erlaube dir, wie ein Kind mit seiner Mutter zu sein, völlig frei und vertraut. Streichle Ihre Lotusfüße, Ihren Körper, flechte Ihr Haar zu einem Zopf usw.

Bitte Mutter, dich nie wieder so zu necken. Erzähle Ihr von deinen Sorgen und Ängsten und sage Ihr, dass du es nie wieder erlauben wirst, dass sie dich verlässt. Bete zu Ihr: „Oh Mutter, ich ergebe mich zu deinen Lotusfüßen. Mache mich zu einem perfekten Instrument in deinen Händen. Ich möchte nichts von dieser Welt. Mein einziger Wunsch ist, immer deine göttliche Gestalt zu sehen und bei dir zu sein. Gib mir Augen, die nichts anderes als deine Schönheit sehen. Gib mir einen Mind, der nur in dir weilt, sich nur an dir erfreut. Dein Wille soll mein Wille sein, lasse deine Gedanken meine Gedanken sein und deine Worte meine Worte. Lasse alles, was ich tue, sogar essen und schlafen, lasse alle meine Handlungen nur ein Ziel haben – mit dir eins zu werden. Lasse mich so selbstlos und liebevoll werden wie du."

Indem du ununterbrochen so betest und sprichst, konzentriere dich voll auf die Form der göttlichen Mutter.

Schwenke brennenden Kampfer vor Mutter, die lächelnd vor dir steht, mit einem Blick voller Mitgefühl. Stelle dir vor, dass du dich mit all deinen guten und schlechten Eigenschaften Ihr darbringst. Mache Pradakṣiṇa (3 malige Umkreisung) und verbeuge dich tief zu Mutters Lotus-Füßen, mit dem Gebet in deinem Herzen: „Oh Mutter des Universums, du bist meine einzige Zuflucht. Ich gebe mich dir hin." Singe die Friedensgebete: Asatomā Sadgamaya, Lokāḥ Samastāḥ Sukhino Bhavantū und Pūrṅamadah Pūrṅamidam und spüre den Frieden und die Fülle in deinem Herzen. Verbeuge dich vor Ihr und vor deinem Sitzplatz und beende die Puja. Wenn möglich, meditiere noch einige Zeit auf Mutters Gestalt.

Om Frieden, Frieden, Frieden.

Mātā Amṛtānandamayi
Aṣṭottara Śata Nāmāvali

Die 108 Namen von Mata Amṛtānandamayī

Dhyāna śloka – Meditationsverse

dhyāyāmo dhavalāvaguṇṭhanavatīṁ tejomayīm naiṣṭhikīṁ
snigdhāpāṅga vilokinīm bhagavatīṁ mandasmita śrī mukhīṁ
vātsalyāmṛta varṣiṇīm sumadhuraṁ saṅkīrtanālāpinīṁ
śyāmāṅgīṁ madhu sikta sūktīṁ amṛtānandātmikām īśvarīṁ

Wir meditieren auf Amritanandamayi, die einen weißen Sari trägt, die von hellem Glanz umgeben und fest in der Wahrheit verankert ist,

deren liebevolle Blicke Zuneigung erwecken, die alle sechs göttlichen Eigenschaften offenbart, auf deren anmutigem Gesicht ein sanftes glückverheißendes Lächeln liegt,

die unablässig den Nektar der Liebe verströmt, die auf lieblichste Weise hingebungsvolle Lieder singt,

deren Hautfarbe Regenwolken gleicht, von deren Lippen Worte süß wie Honig fließen, die unsterbliche Glückseligkeit und die höchste Göttin selbst ist.

1. **Om pūrṇa-brahma-svarūpiṇyai namaḥ**
Wir verbeugen uns vor Amma, die das vollkommene, höchste Bewusstsein ist.

2. **Om saccidānanda-mūrtaye namaḥ**
...die Sein, Weisheit und Glückseligkeit verkörpert.

3. **Om ātmā-rāmāgragaṇyāyai namaḥ**
...die herausragt unter denen, die das innere Selbst verwirklicht haben.

4. **Om yoga-līnāntarātmane namaḥ**
...deren Selbst im Yoga vereint ist (die Vereinigung des Selbst mit Brahman).

5. **Om antar-mukha-svabhāvāyai namaḥ**
...die aus natürlicher Neigung nach innen gewandt ist.

6. **Om turya-tuṅga-sthalījjuṣe namaḥ**
...die in der höchsten Bewusstseinsebene verweilt, bekannt als ‚Turya'.

7. **Om prabhā-maṇḍala-vītāyai namaḥ**
...die vollkommen von göttlichem Glanz umgeben ist.

8. **Om durāsada-mahaujase namaḥ**
...die eine unübertreffliche Größe hat.

9. **Om tyakta-dig-vastu-kālādi-sarvāvacceda-rāśaye namaḥ**
...die sich über alle Begrenzungen von Raum, Zeit und Materie erhoben hat.

10. **Om sajātīya-vijātīja-svīya-bheda-nirākṛte namaḥ**
...die niemanden bevorzugt.

11. **Om vāṇī-buddhi-vimṛgyāyai namaḥ**
...die durch Worte und Intellekt nicht erfassbar ist.

12. **Om śaśvad-avyakta-vartmane namaḥ**
...die einen ewig unbestimmten Weg hat.

13. **Om nāma-rūpādi-śūnyāyai namaḥ**
...die weder Name noch Form hat.

14. **Om śūnya-kalpa-vibhūtaye namaḥ**
...für die yogischen Kräfte unwichtig sind (so wie die ganze Welt unwichtig ist, wenn sie sich auflöst).

Wir verbeugen uns vor Amma,

15. Om ṣaḍaiśvarya-samudrāyai namaḥ

...die alle sechs göttlichen, glückverheißenden Eigenschaften aufweist (Reichtum, Mut, Ruhm, Glück, Wissen, Gleichmut).

16. Om dūrī-kṛta-ṣaḍ-ūrmaye namaḥ

...die den sechs Veränderungen des Lebens nicht unterliegt (Geburt, Leben, Wachstum, Entwicklung, Abbau und Auflösung).

17. Om nitya-prabuddha-saṁśuddha-nirmuktātma-prabhāmuce namaḥ

...die das ewige, bewusste, reine und freie Licht des Selbst ausstrahlt.

18. Om kāruṇyākula-cittāyai namaḥ

...deren Herz voller Mitgefühl ist.

19. Om tyakta-yoga-suṣuptaye namaḥ

...die den yogischen Schlaf aufgegeben hat.

20. Om kerala-kṣmāvatīrṇāyai namaḥ

...die in Kerala inkarnierte.

21. Om mānuṣa-strī-vapurbhṛte namaḥ
...die einen weiblichen menschlichen Körper angenommen hat.

22. Om dharmiṣṭha-suguṇānanda-damayantī-svayam-bhuve namaḥ
...die aus eigenem Willen als Tochter der tugendhaften Eltern Sugunānandan und Damayantī zur Welt kam.

23. Om mātā-pitṛ-cirācīrṇa-puṇya-pūra-phalātmane namaḥ
...die in diese Familie geboren wurde, weil Ihre Eltern in früheren Leben viele tugendhafte Taten vollbrachten.

24. Om niśśabda-jananī-garbha-nirgamādbhuta-karmaṇe namaḥ
...die bei Ihrer Geburt die außergewöhnliche Tat vollbrachte, keinen Laut von sich zu geben.

25. Om kālī-śrī-kṛṣṇa-saṅkāśa-komala-śyāmala-tviṣe namaḥ
...die eine schöne dunkle Hautfarbe wie Kālī und Śrī Kṛṣṇa hat.

26. Om cira-naṣṭa-punar-labdha-bhārgava-kṣetra-sampade namaḥ
...die Keralas Reichtum ist, der lange verloren war und jetzt wiedergewonnen wurde.

27. Om mṛta-prāya-bhṛgu-kṣetra-punar-uddhita-tejase namaḥ
...die das Leben von Kerala ist, das fast erloschen war und jetzt wieder aufblüht.

Wir verbeugen uns vor Amma,

28. Om sauśīlyādi-guṇākṛṣṭa-jaṅgama-sthāvarālaye namaḥ
...die durch Ihre edlen Eigenschaften und Ihr vorbildliches Verhalten auf die gesamte Schöpfung anziehend wirkt.

29. Om manuṣya-mṛga-pakṣyādi-sarva-saṁsevitāṅghraye namaḥ
...zu deren Füßen Menschen, Tiere, Vögel und alle anderen Lebewesen dienen.

30. Om naisargika-dayā-tīrtha-snāna-klinnāntarātmane namaḥ
...deren inneres Selbst, ewig im heiligen Fluss des Mitgefühls badet.

31. Om daridra-janatā-hasta-samarpita-nijāndhase namaḥ
...die Ihre Nahrung an die Armen weitergab.

32. Om anya-vaktra-pra-bhuktānna-pūrita-svīya-kukṣaye namaḥ
...deren Hunger gestillt ist, wenn andere essen.

33. Om samprāpta-sarva-bhūtātma-svātma-sattānubhūtaye namaḥ
...die erfahren hat, dass Ihr Selbst Eins mit dem Selbst aller Wesen ist.

34. Om aśikṣita-svayam-svānta-sphurat-kṛṣṇa-vibhūtaye namaḥ
...die, ohne die Schriften zu kennen, eine Vision von Kṛṣṇa hatte.

35. Om acchinna-madhurodāra-kṛṣṇa-līlānusandhaye namaḥ
...die ständig in die göttlichen Spiele Śrī Kṛṣṇas versunken war.

36. Om nandātmaja-mukhāloka-nityotkaṇṭhita-cetase namaḥ
...die sich stets sehnte, das Gesicht von Nandas Sohn (Kṛṣṇa) zu sehen.

37. Om govinda-viprayogādhi-dāva-dagdhāntarātmane namaḥ
...die verzehrt wurde vom Feuer des Schmerzes, von Govinda (Kṛṣṇa) getrennt zu sein.

38. Om viyoga-śoka-sammūrcchā-muhur-patita-varṣmaṇe namaḥ
...die aus Trauer, mit Kṛṣṇa nicht vereint zu sein, oft ohnmächtig zu Boden fiel.

39. Om sārameyādi-vihita-śuśrūṣā-labdha-buddhaye namaḥ
...die das Bewusstsein wieder erlangte, weil Hunde und andere Tiere Sie mit Nahrung versorgten.

40. Om prema-bhakti-balākṛṣṭa-prādur-bhāvita-śārṅgiṇe namaḥ
...die durch Ihre große Liebe, Kṛṣṇa zwang, sich Ihr zu offenbaren.

Wir verbeugen uns vor Amma,

41. Om kṛṣṇa-loka-mahāhlāda-dhvasta-śokāntarātmane namaḥ
...die durch die unermessliche Freude über die Vision Kṛṣṇas, von Ihren Schmerzen erlöst wurde.

42. Om kāñcī-candraka-manjīra-vaṁśī-śobhi-svabhū-dṛśe namaḥ
...die Kṛṣṇas leuchtende Gestalt mit goldenem Schmuck wie Hüftgürtel und Fußkettchen sowie Pfauenfeder und Krone sah.

43. Om sārvatrika-hṛṣīkeśa-sānnidhya-laharī-spṛśe namaḥ
...die Hṛṣikeśas (Kṛṣṇa, der die Sinne besiegt hat) alldurchdringende Gegenwart spürte.

44. Om susmera-tan-mukhāloka-vismerotphulla-dṛṣṭaye namaḥ
...deren Augen sich vor Freude weiteten, als Sie das lächelnde Gesicht Kṛṣṇas sah.

45. Om tat-kānti-yamunā-sparśa-hṛṣṭa-romāṅga-yaṣṭaye namaḥ
...deren Haare zu Berge standen, als Sie den Fluss Seiner (Kṛṣṇas) Schönheit berührte.

46. Om apratīkṣita-samprāpta-devī-rūpopalabdhaye namaḥ
...die eine unerwartete Vision der göttlichen Mutter hatte.

47. Om pāṇī-padma-svapadvīṇā-śobhamānāmbikā-dṛśe namaḥ
...die die wunderschöne Gestalt der göttlichen Mutter mit einer Vīna in Ihren Lotus-Händen sah.

48. Om devī-sadyas-tirodhāna-tāpa-vyathita-cetase namaḥ
...die über das plötzliche Verschwinden der göttlichen Mutter untröstlich war.

49. Om dīna-rodana-nir-ghoṣa-dīrṇa-dikkarṇa-vartmane namaḥ
...deren schmerzerfülltes Weinen die Ohren der vier Himmel zerriss.

50. Om tyaktānna-pāna-nidrādi-sarva-daihika-dharmaṇe namaḥ
...die alle körperlichen Aktivitäten wie Essen, Trinken und Schlafen aufgab.

51. Om kurarādi-samānīta-bhakṣya-poṣita-varṣmaṇe namaḥ
...deren Körper von der Nahrung lebte, die Vögel und andere Tiere Ihr brachten.

52. Om vīṇā-niṣyanti-saṅgīta-lālita-śruti-nālaye namaḥ
...deren Ohren von den Wellen der göttlichen Melodien erfüllt wurden, die von der Vina (der Göttlichen Mutter) erklangen.

Wir verbeugen uns vor Amma,

53. Om apāra-paramānanda-laharī-magna-cetase namaḥ

...die mit Ihrem ganzen Wesen in grenzenlose, berauschende, höchste Glückseligkeit versank.

54. Om caṇḍikā-bhīkarākāra-darśanālabdha-śarmaṇe namaḥ

...die beim Anblick von Chaṇḍikā, der furchterregenden Gestalt der göttlichen Mutter, von innerem Frieden erfüllt wurde.

55. Om śānta-rūpāmṛtajharī-pāraṇā-nirvṛtātmane namaḥ

...die in Ekstase war, als Sie vom Ambrosia Fluss, den glückseligen Aspekt (der göttlichen Mutter) trank.

56. Om śāradā-smārakāśeṣa-svabhāva-guṇa-sampade namaḥ

...deren Wesen und Eigenschaften uns an Śāradā Devī erinnern.

57. Om prati-bimbita-cāndreya-śāradobhaya-mūrtaye namaḥ

...in der sich die beiden Gestalten Śrī Rāmakṛṣṇas und Śāradā Deviis, widerspiegeln.

58. Om tannāṭakābhinayana-nitya-raṅgayitātmane namaḥ

...in der sich das göttliche Spiel dieser beiden Heiligen wiederholt.

59. Om cāndreya-śāradā-kelī-kallolita-sudhābdhaye namaḥ
...die den Ozean von Nektar verkörpert, in dem die Wellen der göttlichen Spiele von Śrī Rāmakṛṣṇa und Śāradā Devi aufsteigen.

60. Om uttejita-bhṛgu-kṣetra-daiva-caitanya-raṁhase namaḥ
...die das spirituelle Bewusstsein von Kerala angehoben hat.

61. Om bhūyaḥ-pratyavaruddhārṣa-divya-saṁskāra-rāśaye namaḥ
...die die von den Ṛṣis verkündeten ewigen göttlichen Werte wiederherstellt.

62. Om aprākṛtāt-bhūtānanta-kalyāṇa-guṇa-sindhave namaḥ
...die ein Ozean göttlicher Eigenschaften ist, die natürlich, wundersam und ewig sind.

63. Om aiśvarya-vīrya-kīrti-śrī-jñāna-vairāgya-veśmaṇe namaḥ
...die Herrschaft, Mut, Ruhm, Glück, Wissen und Gleichmut verkörpert, die sechs Eigenschaften eines göttlichen Wesens.

64. Om upātta-bāla-gopāla-veṣa-bhūṣā-vibhūtaye namaḥ
...die Bāla Gopālas (Kṛṣṇa als Kind) Gestalt und Eigenschaften annahm.

65. Om smera-snigdha-kaṭākṣāyai namaḥ
...deren Blicke voller Süße und Liebe sind.

Wir verbeugen uns vor Amma,

66. Om svairādyuṣita-vedaye namaḥ

...die Ihre Veranstaltungen spielerisch leitet.

67. Om piñcha-kuṇḍala-mañjīra-vaṁśikā-kiṅkiṇī-bhṛte namaḥ

...die wie Kṛṣṇa Pfauenfeder und Flöte trug und mit Ohrringen und Fußkettchen geschmückt ist.

68. Om bhakta-lokākhilā-bhīṣṭa-pūraṇa-prīṇanecchave namaḥ

...die darauf bedacht ist, die Devotees zu erfreuen, indem Sie alle ihre Wünsche erfüllt.

69. Om pīṭhārūḍha-mahādevī-bhāva-bhāsvara-mūrtaye namaḥ

...die in der Stimmung der großen Göttin auf dem Pīṭham (göttlichen Sitz) sitzt und göttlich prächtig aussieht.

70. Om bhūṣanāmbara-veṣa-śrī-dīpya-mānāṅga-yaṣṭaye namaḥ

...deren ganzer Körper leuchtet und die, wie die göttliche Mutter, erlesenen Schmuck und wunderschöne Kleidung trägt.

71. Om suprasanna-mukhāmbhoja-varābhayada-pāṇaye namaḥ

...deren Gesicht strahlend schön wie eine Lotusblume ist und die Ihre Hand segnend erhoben hält.

72. Om kirīṭa-raśanākarṇa-pūra-svarṇa-paṭī-bhṛte namaḥ

...die wie die göttliche Mutter goldenen Schmuck und eine Krone trägt.

73. Om jihva-līḍha-mahā-rogi-bībhatsa-vraṇita-tvace namaḥ

...die mit Ihrer Zunge die eiternden Wunden von Menschen mit schrecklichen Krankheiten reinigt.

74. Om tvag-roga-dhvaṁsa-niṣṇāta-gaurāṅgāpara-mūrtaye namaḥ

...die wie Śrī Cjaitanya (Gauraṅga) Hautkrankheiten heilt.

75. Om steya-hiṁsā-surāpānā-dyaśeṣādharma-vidviṣe namaḥ

...die schlechte Eigenschaften, wie Stehlen, andere Verletzen, Genuss von Rauschmitteln usw. missbilligt.

76. Om tyāga-vairagya-maitryādi-sarva-sadvāsanā-puṣe namaḥ

...die gute Eigenschaften und deren Entwicklung fördert und unterstützt (Entsagung, Nichtanhaftung, Liebe, Güte usw.).

Wir verbeugen uns vor Amma,

77. Om pādāśrita-manorūḍha-dussaṁskāra-rahomuṣe namaḥ
...die alle schlechten Neigungen in den Herzen derer beseitigt, die zu Ihren Lotusfüßen Zuflucht suchen.

78. Om prema-bhakti-sudhāsikta-sādhu-citta-guhājjuṣe namaḥ
...die im innersten Herzen, der vom Nektar der Hingabe erfüllten Devotees, wohnt.

79. Om sudhāmaṇi-mahā-nāmne namaḥ
...die den großen Namen Sudhāmaṇi trägt.

80. Om subhāṣita-sudhā-muce namaḥ
...deren Worte süß wie Ambrosia sind.

81. Om amṛtānanda-mayyākhyā-janakarṇa-puṭa-spṛśe namaḥ
...die auf der ganzen Welt unter dem Namen Amṛtānandamayī wohlbekannt ist.

82. Om dṛpta-datta-viraktāyai namaḥ
...der die Darbringungen von stolzen, weltlich gesinnten Menschen gleichgültig sind.

83. Om namrārpita-bhubhukṣave namaḥ
...die gern die Nahrung annimmt, die von den Devotees mit Demut angeboten wird.

84. Om utsṛṣṭa-bhogi-saṅgāyai namaḥ
...die sich nicht gern in der Gesellschaft von weltlich gesinnten Menschen aufhält.

85. Om yogi-saṅga-riraṁsave namaḥ
...die Yogis und deren Gesellschaft schätzt.

86. Om abhinandita-dānādi-śubha-karmā-bhivṛddhaye namaḥ
...die gute Taten, wie Wohltätigkeit usw. unterstützt.

87. Om abhivandita-niśśeṣa-sthira-jaṅgama-sṛṣṭaye namaḥ
...die verehrt wird, von sich bewegenden und nicht bewegenden Wesen.

88. Om protsāhita-brahma-vidyā-sampradāya-pravṛttaye namaḥ
...die das Studium von Brahmavidyā (der Wissenschaft des Absoluten) in der traditionellen Guru-Schüler-Beziehung fördert.

89. Om punar-āsādita-śreṣṭha-tapovipina-vṛttaye namaḥ
...die die großartige Lebensweise der Weisen in den Wäldern wieder zurückbrachte.

Wir verbeugen uns vor Amma,

90. Om bhūyo-gurukulā-vāsa-śikṣaṇotsuka-medhase namaḥ
...die großen Wert auf die Gurukula-Erziehung und Ausbildung legt.

91. Om aneka-naiṣṭhika-brahmacāri-nirmātṛ-vedhase namaḥ
...die Mutter vieler Brahmachāris, Mutter für alle, die ihr Leben Gott geweiht haben.

92. Om śiṣya-saṅkrāmita-svīya-projvalat-brahma-varcase namaḥ
...die Ihren göttlichen Glanz auf Ihre Schüler überträgt.

93. Om antevāsi-janāśeṣa-ceṣṭā-pātita-dṛṣṭaye namaḥ
...die alle Handlungen Ihrer Schüler sieht.

94. Om mohāndha-kāra-sañcāri-lokā-nugrāhi-rociṣe namaḥ
...die voller Freude, alle Welten segnet, und die sich wie das göttlichen Licht bewegt, das die Dunkelheit vertreibt.

95. Om tamaḥ-kliṣṭa-mano-vṛṣṭa-svaprakāśa-śubhāśiṣe namaḥ
...die das Licht Ihres Segens in die Herzen derer gießt, die in der Dunkelheit der Unwissenheit leiden.

96. Om bhakta-śuddhānṭa-raṅgastha-bhadra-dīpa-śikhā-tviṣe namaḥ
...die in den reinen Herzen Ihrer Devotees als die helle Flamme brennt.

97. Om saprīthi-bhukta-bhaktaughanyarpita-sneha-sarpiṣe namaḥ
...die mit Freude das Ghee der Liebe Ihrer Devotees trinkt.

98. Om śiṣya-varya-sabhā-madhya-dhyāna-yoga-vidhitsave namaḥ
...die gerne zusammen mit Ihren Schülern meditiert.

99. Om śaśvalloka-hitācāra-magna-dehendriyāsave namaḥ
...deren Körper und Sinne immer zum Wohle der Welt handeln.

100. Om nija-puṇya-pradānānya-pāpādāna-cikīrṣave namaḥ
...die glücklich Ihre eigenen Verdienste gegen die Fehler von anderen tauscht.

101. Om para-svaryāpana-svīya-naraka-prāpti-lipsave namaḥ
...die glücklich ist, wenn Sie, um anderen zu helfen, Himmel gegen Hölle tauscht.

102. Om rathotsava-calat-kanyā-kumārī-martya-mūrtaye namaḥ
...die die Göttin Kanyā Kumārī in menschlicher Gestalt ist.

Wir verbeugen uns vor Amma,

103. Om vimo-hārṇava-nirmagna-bhṛgu-kṣetrojjihīrṣave namaḥ
...die dem im Ozean der Unwissenheit versunkenen Land Kerala hilft, sich wiederaufzurichten.

104. Om punassantā-nita-dvaipāyana-satkula-tantave namaḥ
...die den ehrwürdigen Stammbaum des Weisen Vyasa weiterführt.

105. Om veda-śāstra-purāṇetihāsa-śāśvata-bandhave namaḥ
...die ein ewiger Freund des vedischen Wissens und aller anderen spirituellen Texte ist.

106. Om bṛghu-kṣetra-samun-mīlat-para-daivata-tejase namaḥ
...die dem erwachenden Land Kerala göttlichen Glanz verleiht.

107. Om devyai namaḥ
...Devi, der großen göttlichen Mutter.

108. Om premāmṛtānandamayyai nityam namo namaḥ
Wir verbeugen uns immer und immer wieder vor Amma, die voller göttlicher Liebe und unsterblicher Glückseligkeit ist.

Śrī Lalitā Sahasranāmāvali

Die Tausend Namen der göttlichen Mutter in Mantra-Form

Dhyānam – Meditationsverse

Sindūrāruṇa vigrahām tri nayanām māṇikya mauli sphurat
tārānāyaka śekharām smita mukhīm āpīna vakṣoruhām
pāṇibhyām alipūrṇa ratna caṣakam raktotpalam bibhratīm
saumyām ratna ghaṭastha rakta caraṇām dhyāyet parām
ambikām

Oh Mutter Ambika, ich meditiere auf Deine leuchtend rote Gestalt mit drei heiligen Augen. Du trägst ein strahlendes Kronjuwel und die aufgehende Mondsichel und schenkst ein süßes Lächeln. Aus Deinen übersprudelnden Brüsten fließt mütterliche Liebe, in jeder Hand hältst Du einen mit Edelsteinen verzierten Becher mit einer roten Lotusblüte von

Bienen umschwärmt. Deine roten Lotusfüße ruhen auf einer goldenen Schale gefüllt mit kostbaren Juwelen.

Dhyāyet padmāsanasthām vikasita vadanām padma patrāyatākṣīm
hemābhām pītavastrām kara kalita lasad hema padmām varāṅgīm
sarvālaṅkāra yuktām satatam abhayadām bhaktanamrām bhavānīm
śrī vidyām śānta mūrtim sakala sura nutāmsarva sampat pradātrīm

Oh Mutter, lass mich auf Deine wunderschöne goldene Gestalt meditieren, mit strahlendem Gesicht und großen, sanften Lotusaugen sitzt Du auf einer Lotusblüte, trägst ein Gewand aus gelber Seide, das mit strahlenden Ornamenten verziert ist. In Deiner Hand hältst Du einen goldenen Lotus, verehrt wirst Du von Deinen ergebenen Devotees, denen Du stets Zuflucht gewährst. Lass mich auf Dich meditieren, Oh Śrī Vidyā, Verkörperung des Friedens, Du wirst von den Göttern verehrt und schenkst uns allen Reichtum.

Sakuṅkuma vilepanām alika cumbi kastūrikām
samanda hasitekṣaṇām saśara cāpa pāśāṅkuśām
aśeṣa jana mohinīm aruṇa mālya bhūṣojvalām
japā kusuma bhāsurām japavidhau smaredambikām

Oh Mutter des Universums, lass mich beim Wiederholen Deines göttlichen Namens Deine Form erinnern, die die Schönheit einer Hibiskusblüte hat. Du trägst eine rote Girlande und glitzernden Schmuck, Deine Haut ist mit rotem Safran bestrichen, Deine Stirn leuchtet von einem Tropfen Moschus, dessen Duft die Bienen anzieht. In Deinen Händen hältst Du Bogen und Pfeil, Schlinge und Stachel, und ein sanftes Lächeln zeigend, wirfst Du liebevolle Blicke um Dich und bezauberst alle.

Aruṇām karuṇā taraṅgitākṣīm
dhṛta pāśāṅkuśa puṣpa bāṇa cāpām
aṇimādibhir āvṛtām mayūkhai
raham ityeva vibhāvaye maheśīm

Oh Große Göttin, lass mich mir vorstellen, dass ich Eins bin, mit Deiner glorreichen roten Gestalt, umgeben von den goldenen Strahlen von Anima und den anderen acht göttlichen Ehren, Du hältst Schlinge und Stachel, Bogen und Blumen-Pfeilen, und in Deinen Augen steigen die Wellen von Mitgefühl auf.

Om, wir verbeugen uns vor Śrī Lalitā,

1. **Om śrī-mātre namaḥ**
   Om wir verbeugen uns vor Devi, der glückverheißenden Mutter.
2. **Om śrī-mahā-rājñyai namaḥ**
   ...Kaiserin des Universums.
3. **Om śrīmat-siṁhāsaneśvaryai namaḥ**
   ...Königin des glorreichsten Thrones.
4. **Om cid-agni-kuṇḍa-sambhūtāyai namaḥ**
   ...die in der Feuergrube des reinen Bewusstseins geboren wurde.
5. **Om deva-kārya-samudyatāyai namaḥ**
   ...die beabsichtigt, die Wünsche der Götter zu erfüllen.
6. **Om udyad-bhānu-sahasrābhāyai namaḥ**
   ...die wie tausend aufgehende Sonnen strahlt.
7. **Om catur-bāhu-samanvitāyai namaḥ**
   ...die Vierarmige.

8. Om rāga-svarūpa-pāśāḍhyāyai namaḥ
...die das Band der Liebe in Ihrer Hand hält.

9. Om krodhā-kārāṅkuś-ojjvalāyai namaḥ
...die leuchtet und den Stachel des Zorns trägt.

10. Om mano-rūpekṣu-kodaṇḍāyai namaḥ
...die in Ihrer Hand einen Zuckerrohrbogen hält, der den Mind symbolisiert.

11. Om pañca-tanmātra-sāyakāyai namaḥ
...die als Pfeile, die fünf feinstofflichen Elemente hält.

12. Om nijāruṇa-prabhā-pūra-majjad-brahmāṇḍa-maṇḍalāyai namaḥ
...die das gesamte Weltall in den roten Glanz Ihrer Gestalt hüllt.

13. Om campakāśoka-punnāga-saugandhika-lasat-kacāyai namaḥ
...deren Haar mit Blüten wie Champaka, Aśoka, Punnāga, und Saugandhika geschmückt ist.

14. Om kuruvinda-maṇi-śreṇī-kanat-koṭīra-maṇḍitāyai namaḥ
...die erstrahlt mit einer Krone, geschmückt mit Reihen aus blitzenden Kuruvinda-Edelsteinen.

Om, wir verbeugen uns vor Śrī Lalitā,

15. Om aṣṭamī-candra-vibhrāja-dalika-sthala-śobhitāyai namaḥ

...deren Stirn schimmert wie der Halbmond in der achten Nacht der zunehmenden Mond-Phase.

16. Om mukha-candra-kalaṅkābha-mṛganābhi-viśeṣakāyai namaḥ

...die einen Tupfen Moschus auf der Stirn trägt, der wie ein Mondfleck leuchtet.

17. Om vadana-smara-māṅgalya-gṛha-toraṇa-cillikāyai namaḥ

...deren Augenbrauen scheinen wie die Torbögen, die zum Haus des Liebesgottes Kāma führen.

18. Om vaktra-lakṣmī-parīvāha-calan-mīnābha-locanāyai namaḥ

...deren Augen den Glanz der Fische ausstrahlen, die sich im Strom der Schönheit tummeln, der von Ihrem Antlitz entspringt.

19. Om nava-campaka-puṣpābha-nāsā-daṇḍa-virājitāyai namaḥ

...deren Nase die prächtige Schönheit einer gerade aufblühenden Champaka-Blüte hat.

20. Om tārā-kānti-tiraskāri-nāsābharaṇa-bhāsurāyai namaḥ

...deren funkelnder Nasenschmuck den Glanz der Venus übertrifft.

21. Om kadamba-mañjarī-kḷpta-karṇapūra-manoharāyai namaḥ
...die betörend ist, mit Sträußen von Kadamba-Blüten, die Ihre Ohren schmücken.

22. Om tāṭaṅka-yugalī-bhūta-tapanoḍupa-maṇḍalāyai namaḥ
...die Sonne und Mond als große Ohrringe trägt.

23. Om padma-rāga-śilādarśa-paribhāvi-kapola-bhuve namaḥ
...deren Wangen die Schönheit von Spiegeln aus leuchtenden Rubinen übersteigt.

24. Om nava-vidruma-bimba-śrī-nyakkāri-radana-cchadāyai namaḥ
...deren Lippen prachtvoller glänzen, als frische Korallen und Bimba-Früchte.

25. Om śuddha-vidyāṅkurākāra-dvija-paṅkti-dvayojjvalāyai namaḥ
...deren Zähne erstrahlen und den Knospen des reinen Wissens gleichen.

26. Om karpūra-vīṭikāmoda-samākarṣi-digantarāyai namaḥ
...die sich an einem kampferhaltigen Betelblatt erfreut, dessen Duft Menschen aus allen Richtungen anzieht.

27. Om nija-sallāpa-mādhurya-vinirbhartsita-kacchapyai namaḥ
...deren süße Stimme sogar den Wohlklang von Sarasvatis Vīna übertrifft.

Om, wir verbeugen uns vor Śrī Lalitā,

28. Om manda-smita-prabhā-pūra-majjat-kāmeśa-mānasāyai namaḥ

...in deren strahlendem Lächeln selbst Kāmeśas (Śivas) Mind versinkt.

29. Om anākalita-sādṛśya-cibuka-śrī-virājitāyai namaḥ

...deren ebenmäßiges Kinn an Schönheit unvergleichlich ist.

30. Om kāmeśa-baddha-māṅgalya-sūtra-śobhita-kandharāyai namaḥ

...deren Hals mit Kāmeśas Hochzeitsband geschmückt ist.

31. Om kanakāṅgada-keyūra-kamanīya-bhujānvitāyai namaḥ

...deren Arme mit wunderschönen goldenen Armreifen verziert sind.

32. Om ratna-graiveya-cintāka-lola-muktā-phalānvitāyai namaḥ

...an deren Hals eine Edelsteinkette mit einem Perlenmedaillon schimmert.

33. Om kāmeśvara-prema-ratna-maṇi-pratipaṇa-stanyai namaḥ

...die Kāmeśvara Ihre Brüste reicht, als Gabe, für das Juwel der Liebe das Er Ihr schenkt.

34. Om nābhyālavāla-romāli-latā-phala-kuca-dvayyai namaḥ

...deren Brüste wie Früchte an der Ranke der feinen Haarlinie sprießen, die sich aus der Tiefe Ihres Nabels nach oben windet.

35. Om lakṣya-roma-latā-dhāratā-sumunneya-madhyamāyai namaḥ

...die eine Taille hat, deren Existenz sich nur erahnen lässt, da die Ranke Ihrer feinen Haarlinie dort entspringt.

36. Om stana-bhāra-dalan-madhya-paṭṭa-bandha-vali-trayāyai namaḥ

...deren Bauch drei Falten hat, die einen Gürtel bilden, der Ihre Taille davor bewahrt, unter dem Gewicht Ihrer Brüste zu brechen.

37. Om aruṇāruṇa-kausumbha-vastra-bhāsvat-kaṭī-taṭyai namaḥ

...deren Hüfte mit einem Gewand geschmückt ist, rot wie die aufgehende Sonne, gefärbt mit dem Extrakt der Färberdistel-Blüten.

38. Om ratna-kiṅkiṇikā-ramya-raśanā-dāma-bhūṣitāyai namaḥ

...die einen Gürtel trägt, dekoriert mit juwelenbesetzten Glöckchen.

Om, wir verbeugen uns vor Śrī Lalitā,

39. Om kāmeśa-jñāta-saubhāgya-mārdavoru-dvayānvitāyai namaḥ

...deren Schönheit und Weichheit Ihrer Oberschenkel nur Ihrem Gemahl, Kāmeśa bekannt sind.

40. Om māṇikya-mukuṭākāra-jānu-dvaya-virājitāyai namaḥ

...deren Knie wie Kronen aussehen, geformt aus dem kostbaren roten Manikya Juwel (eine Art Rubin).

41. Om indra-gopa-parikṣipta-smara-tūṇābha-jaṅghikāyai namaḥ

...deren Waden schimmern, wie der edelsteingeschmückte Köcher des Liebesgottes.

42. Om gūḍha-gulphāyai namaḥ

...deren Fußknöchel verborgen bleiben.

43. Om kūrma-pṛṣṭha-jayiṣṇu-prapadānvitāyai namaḥ

...deren Fußwölbungen an Geschmeidigkeit und Schönheit den Rücken einer Schildkröte überragen.

44. Om nakha-dīdhiti-sañchanna-namajjana-tamoguṇayai namaḥ
...deren Zehennägel so hell erstrahlen, dass all die Dunkelheit der Unwissenheit in Ihren Devotees, die sich zu Ihren Füßen verbeugen, vertrieben wird.

45. Om pada-dvaya-prabhā-jāla-parākṛta-saroruhāyai namaḥ
...deren Füße die Lotusblumen an Leuchtkraft weit übertreffen.

46. Om śiñjāna-maṇi-mañjīra-maṇḍita-śrī-padāmbujāyai namaḥ
...deren glückverheißende Lotusfüße mit edelsteinbesetzten Goldkettchen geschmückt sind, die lieblich klimpern.

47. Om marālī-manda-gamanāyai namaḥ
...deren Gang gemächlich und sanft ist, wie der eines Schwans.

48. Om mahā-lāvaṇya-śevadhaye namaḥ
...die Schatztruhe der Schönheit.

49. Om sarvāruṇāyai namaḥ
...deren Haut ganz in Rot erstrahlt.

50. Om anavadyāṅgyai namaḥ
...deren Körper verehrungswürdig ist.

Om, wir verbeugen uns vor Śrī Lalitā,

51. Om sarvābharaṇa-bhūṣitāyai namaḥ
...die überreichlich mit Ornamenten aller Art geschmückt ist.

52. Om śiva-kāmeśvarāṅkasthāyai namaḥ
...die auf Śivas Schoß sitzt, der sämtliche Begierden überwunden hat.

53. Om śivāyai namaḥ
...die alles Glückverheißende schenkt.

54. Om svādhīna-vallabhāyai namaḥ
...die Ihren Gemahl immer unter Kontrolle hat.

55. Om sumeru-madhya-śṛṅgasthāyai namaḥ
...die auf dem mittleren Gipfel des Berges Sumeru thront.

56. Om śrīman-nagara-nāyikāyai namaḥ
...die Gebieterin der segensreichsten (oder wohlhabendsten) Stadt.

57. Om cintāmaṇi-gṛhāntasthāyai namaḥ
...die in einem Haus aus dem wunscherfüllenden Edelstein (Chintāmani) wohnt.

58. Om pañca-brahmāsana-sthitāyai namaḥ
...die auf einem Sitz aus fünf Brahmās weilt.

59. Om mahā-padmāṭavī-saṁsthāyai namaḥ
...die sich im großen Lotus-Wald aufhält.

60. Om kadamba-vana-vāsinyai namaḥ
...die im Kadamba-Wald wohnt.

61. Om sudhā-sāgara-madhyasthāyai namaḥ
...die in der Mitte des Ozeans aus Nektar lebt.

62. Om kāmākṣyai namaḥ
...deren Augen voller Segen sind; deren Augen wunderschön sind.

63. Om kāma-dāyinyai namaḥ
...die den Segen mit anderen teilt.

64. Om devarṣi-gaṇa-saṅghāta-stūyamānātma-vaibhavāyai namaḥ
...deren Macht von vielen Göttern und Weisen gepriesen wird.

Om, wir verbeugen uns vor Śrī Lalitā,

65. Om bhaṇḍāsura-vadhodyukta-śakti-senā-samanvitāyai namaḥ

...die ausgestattet ist mit einer Armee von Śaktis, die bereit sind, Bhaṇḍāsura zu töten.

66. Om sampatkarī-samārūḍha-sindhura-vraja-sevitāyai namaḥ

...die von einer Elefantenherde, von Sampatkarī angeführt, begleitet wird.

67. Om aśvārūḍhādhiṣṭhitāśva-koṭi-koṭibhir-āvṛtāyai namaḥ

...die umgeben ist von einer Kavallerie aus Millionen von Pferden, befehligt von Śakti Aśvārūdhā.

68. Om Chakra-rāja-rathārūḍha-sarvāyudha-pariṣkṛtāyai namaḥ

...die hell erstrahlt in Ihrem perfekt mit Waffen ausgestatteten Wagen Chakrarāja.

69. Om geya-Chakra-rathārūḍha-mantriṇī-pari-sevitāyai namaḥ

...die von Śakti Mantrinī bedient wird, die den GeyaChakra-Wagen lenkt.

70. Om kiri-Chakra-rathārūḍha-daṇḍanāthā-puras-kṛtāyai namaḥ

...die von Śakti Dandanātha eskortiert wird, welche im KiriChakra-Wagen sitzt.

71. Om jvālā-mālinikākṣipta-vahni-prākāra-madhyagāyai namaḥ

...die Ihre Position inmitten der Feuerfestung, der Göttin Jvālāmālinī, eingenommen hat.

72. Om bhaṇḍa-sainya-vadhodyukta-śakti-vikrama-harṣitāyai namaḥ

...die sich an der Tapferkeit der Śaktis erfreut, die ausziehen, um die Armee von Bhaṇḍāsura zu zerstören.

73. Om nityā-parākramāṭopa-nirīkṣaṇa-samutsukāyai namaḥ

...die mit Freude die Macht und den Stolz Ihrer Nityā-Göttinnen sieht.

74. Om bhaṇḍa-putra-vadhodyukta-bālā-vikrama-nanditāyai namaḥ

...die sich an dem Mut von Göttin Bala erfreut, die beabsichtigt, die Söhne von Bhanda zu töten.

75. Om mantriṇyambā-viracita-viṣaṅga-vadha-toṣitāyai namaḥ

...die sich über die Vernichtung des Dämons Viṣaṅga durch Śakti Mantrinī freut.

76. Om viśukra-prāṇa-haraṇa-vārāhī-vīrya-nanditāyai namaḥ

...die vom kühnen Mut von Vārāhī angetan ist, die Viśukras Leben nahm.

Om, wir verbeugen uns vor Śrī Lalitā,

77. Om kāmeśvara-mukhāloka-kalpita-śrī-gaṇeśvarāyai namaḥ
...die Ganeśa durch einen Blick auf Kāmeśvaras Gesicht entstehen lässt.

78. Om mahā-gaṇeśa-nirbhinna-vighna-yantra-praharṣitāyai namaḥ
...die glücklich ist, wenn Gaṇeśa alle Hindernisse zerschlägt.

79. Om bhaṇḍāsurendra-nirmukta-śastra-pratyastra-varṣiṇyai namaḥ
...die auf jede Angriffswaffe von Bhaṇḍāsura mit einer geeigneten Gegenwaffe reagiert.

80. Om karāṅguli-nakhotpanna-nārāyaṇa-daśākṛtyai namaḥ
...die aus Ihren Fingernägeln alle zehn Inkarnationen Nārāyaṇas (Vishnu) schuf.

81. Om mahā-pāśupatāstrāgni-nirdagdhāsura-sainikāyai namaḥ
...die im Feuer des Mahāpāśupatas Geschosses (Feuer des Wissens) die Armee der Dämonen verbrannte.

82. Om kāmeśvarāstra-nirdagdha-sabhaṇḍāsura-śūnyakāyai namaḥ
...die mit dem machtvollen Kāmeśvara-Geschoss Bhaṇḍāsura und seine Śūnyaka verbrannte und zerstörte.

83. Om brahmopendra-mahendrādi-deva-saṁstuta-vaibhavāyai namaḥ

...deren vielfältige Macht von Brahma, Viṣṇu, Indra und anderen Göttern gepriesen wird.

84. Om hara-netrāgni-sandagdha-kāma-sañjīvanauṣadhyai namaḥ

...die zum lebensspendenden Elixier für Kāmadeva wurde (den Gott der Liebe), der durchs Feuer aus Śivas drittem Auge verbrannte und zu Asche wurde.

85. Om śrīmad-vāgbhava-kūṭaika-svarūpa-mukha-paṅkajāyai namaḥ

...deren Lotusgesicht das glückverheißende Vāgbhava-Kūṭa (eine Gruppe von Silben des Pañcadaśākṣari-Mantras) darstellt.

86. Om kaṇṭhādhaḥ-kaṭi-paryanta-madhya-kūṭa-svarūpiṇyai namaḥ

...deren Oberkörper vom Hals bis zur Taille die Form des Madhya-Kūṭa (die mittleren 6 Silben des Pañcadaśākṣari-Mantras) aufweist.

87. Om śakti-kūṭaikatāpanna-kaṭyadhobhāga-dhāriṇyai namaḥ

...deren Körper unterhalb der Taille das Śakti-Kūṭa (die letzten 4 Silben des Pañcadaśākṣari-Mantras) ist.

Om, wir verbeugen uns vor Śrī Lalitā,

88. Om mūla-mantrātmikāyai namaḥ
...die Verkörperung des Mūla-Mantra (Pañcadaśākṣari-Mantra).

89. Om mūla-kūṭa-traya-kalebarāyai namaḥ
...deren (feinstofflicher) Körper aus den drei Teilen des Pañcadaśākṣari-Mantras besteht.

90. Om kulāmṛtaika-rasikāyai namaḥ
...die den Nektar, der als Kula bekannt ist, besonders liebt.

91. Om kula-saṅketa-pālinyai namaḥ
...die den rituellen Kodex des als Kula bekannten Yoga-Pfades schützt.

92. Om kulāṅganāyai namaḥ
...die hochwohlgeboren ist (die aus gutem Hause stammt).

93. Om kulāntasthāyai namaḥ
...die in Kulavidyā wohnt.

94. Om kaulinyai namaḥ
...die zur Kula gehört.

95. Om kula-yoginyai namaḥ
...die Gottheit in den Kulas.

96. Om akulāyai namaḥ
...die keine Familie hat.

97. Om samayāntasthāyai namaḥ
...die in dem Samayā (mentaler Verehrung) innewohnt.

98. Om samayācāra-tatparāyai namaḥ
...die der Samaya-Verehrungsform tiefst verbunden ist.

99. Om mūlādhāraika-nilayāyai namaḥ
...deren Hauptsitz das Mūlādhāra-Chakra ist.

100. Om brahma-granthi-vibhedinyai namaḥ
...die den Knoten Brahmās durchbricht.

101. Om maṇipūrāntar-uditāyai namaḥ
...die im Maṇipūra-Chakra aufkommt.

Om, wir verbeugen uns vor Śrī Lalitā,

102. Om viṣṇu-granthi-vibhedinyai namaḥ
...die den Knoten von Viṣṇu durchbricht.

103. Om ājñā-cakrāntarālasthāyai namaḥ
...die im Ājña-Chakra residiert.

104. Om rudra-granthi-vibhedinyai namaḥ
...die den Knoten von Rudra (Śivas) durchbricht.

105. Om sahasrārāmbujārūḍhāyai namaḥ
...die zum tausendblättrigen Lotus emporsteigt.

106. Om sudhā-sārābhi-varṣiṇyai namaḥ
...aus der Ströme von Ambrosia fließen.

107. Om taḍil-latā-sama-rucyai namaḥ
...die so schön ist wie ein aufleuchtender Blitz.

108. Om ṣaṭ-cakropari-saṁsthitāyai namaḥ
...die oberhalb der sechs Chakren wohnt.

109. Om mahā-saktyai namaḥ
...die der feierlichen Vereinigung von Śiva und Shakti höchst zugetan ist.

110. Om kuṇḍalinyai namaḥ
...die eine Spiralform hat.

111. Om bisa-tantu-tanīyasyai namaḥ
...die fein und zart, wie die Faser des Lotus ist.

112. Om bhavānyai namaḥ
...Śivas Gefährtin.

113. Om bhāvanāgamyāyai namaḥ
...die durch Vorstellung oder Gedanken unerreichbar ist.

114. Om bhavāraṇya-kuṭhārikāyai namaḥ
...die wie eine Axt den Dschungel von Samsāra lichtet.

115. Om bhadra-priyāyai namaḥ
...die alle glückverheißenden Dinge schätzt; die glückverheißende Dinge gibt.

Om, wir verbeugen uns vor Śrī Lalitā,

116. Om bhadra-mūrtaye namaḥ
...die alles Glückverheißende und Wohlwollende verkörpert.

117. Om bhakta-saubhāgya-dāyinyai namaḥ
...die Ihren Devotees Wohlstand gewährt.

118. Om bhakti-priyāyai namaḥ
...die Hingabe schätzt (und sich daran erfreut).

119. Om bhakti-gamyāyai namaḥ
...die nur durch Hingabe erreichbar ist.

120. Om bhakti-vaśyāyai namaḥ
...die durch Hingabe zu gewinnen ist.

121. Om bhayāpahāyai namaḥ
...die Angst zerstreut.

122. Om śāmbhavyai namaḥ
...die Gemahlin von Sambhu (Śiva).

123. Om śāradārādhyāyai namaḥ
...die von Śāradā (Sarasvati, der Göttin der Sprache) verehrt wird.

124. Om śarvāṇyai namaḥ
...die Gattin von Sarva (Śiva).

125. Om śarma-dāyinyai namaḥ
...die Glück verleiht.

126. Om śāṅkaryai namaḥ
...die Glück schenkt.

127. Om śrīkaryai namaḥ
...die Reichtum in Fülle gewährt.

128. Om sādhvyai namaḥ
...die Keusche.

129. Om śarac-candra-nibhānanāyai namaḥ
...deren Antlitz wie der Vollmond am klaren Herbsthimmel strahlt.

Om, wir verbeugen uns vor Śrī Lalitā,

130. Om śātodaryai namaḥ
...deren Taille schlank ist.

131. Om śāntimatyai namaḥ
...die Friedvolle.

132. Om nir-ādhārāyai namaḥ
...die frei von Abhängigkeiten ist.

133. Om nir-añjanāyai namaḥ
...die ungebunden bleibt, an nichts verhaftet ist.

134. Om nir-lepāyai namaḥ
...die frei von allen Unreinheiten ist, die durch Handlungen entstehen.

135. Om nir-malāyai namaḥ
...die frei von jeglichen Unreinheiten ist.

136. Om nityāyai namaḥ
...die ewig ist.

137. Om nir-ākārāyai namaḥ
...die ohne Form ist.

138. Om nir-ākulāyai namaḥ
...die frei von Unruhe ist.

139. Om nir-guṇāyai namaḥ
...die jenseits der drei Guṇas der Natur, Sattva, Rajas und Tamas, ist.

140. Om niṣ-kalāyai namaḥ
...die ohne Teile ist.

141. Om śāntāyai namaḥ
...die voller Frieden.

142. Om niṣ-kāmāyai namaḥ
...die nichts begehrt.

143. Om nir-upaplavāyai namaḥ
...die Unzerstörbare.

Om, wir verbeugen uns vor Śrī Lalitā,

144. Om nitya-muktāyai namaḥ
...ewig frei von weltlichen Bindungen, die ewig Freie.

145. Om nir-vikārāyai namaḥ
...die unveränderbar ist.

146. Om niṣ-prapañcāyai namaḥ
...die nicht von diesem Universum stammt.

147. Om nir-āśrayāyai namaḥ
...die völlig Unabhängige.

148. Om nitya-śuddhāyai namaḥ
...die ewig Reine.

149. Om nitya-buddhāyai namaḥ
...die ewige Weise.

150. Om nir-avadyāyai namaḥ
...die Tadellose und Lobenswerte.

151. Om nir-antarāyai namaḥ
...die alles durchdringt.

152. Om niṣ-kāraṇāyai namaḥ
...die ohne Ursache existiert.

153. Om niṣ-kalaṅkāyai namaḥ
...die Fehlerfreie.

154. Om nir-upādhaye namaḥ
...die nicht konditioniert ist, keine Begrenzungen hat.

155. Om nir-īśvarāyai namaḥ
...die niemanden über sich hat, auch keinen Beschützer.

156. Om nīrāgāyai namaḥ
...die kein Verlangen hat, keine Wünsche.

157. Om rāga-mathanāyai namaḥ
...die alle Wünsche (Leidenschaften) vernichtet.

Om, wir verbeugen uns vor Śrī Lalitā,

158. Om nir-madāyai namaḥ
...die ohne Stolz ist.

159. Om mada-nāśinyai namaḥ
...die den Stolz zerstört.

160. Om niś-cintāyai namaḥ
...die vor nichts Angst hat.

161. Om nir-ahaṅkārāyai namaḥ
...die ohne Egoismus (ohne Konzept von „Ich“ und „Mein“).

162. Om nir-mohāyai namaḥ
...die frei von Täuschung ist.

163. Om moha-nāśinyai namaḥ
...die Täuschungen, Illusionen in Ihren Devotees vernichtet.

164. Om nir-mamāyai namaḥ
...die kein eigennütziges Interesse hat.

165. Om mamatā-hantryai namaḥ
...die das Besitzdenken beseitigt („Ich‘ und ‚Mein‘ überwindet).

166. Om niṣ-pāpāyai namaḥ
...die ohne Sünde ist.

167. Om pāpa-nāśinyai namaḥ
...die all die Sünden Ihrer Devotees vernichtet.

168. Om niṣ-krodhāyai namaḥ
...die ohne Ärger ist.

169. Om krodha-śamanyai namaḥ
...die den Ärger Ihrer Devotees vertreibt.

170. Om nir-lobhāyai namaḥ
...die keine Gier hat.

171. Om lobha-nāśinyai namaḥ
...die die Gier Ihrer Devotees zerstört.

Om, wir verbeugen uns vor Śrī Lalitā,

172. Om niḥ-saṁśayāyai namaḥ
...die frei von jeglichem Zweifel ist.

173. Om saṁśaya-ghnyai namaḥ
...die alle Zweifel vernichtet.

174. Om nir-bhavāyai namaḥ
...die ohne Ursprung ist.

175. Om bhava-nāśinyai namaḥ
...die das Leiden von Samsara (dem Kreislauf von Geburt und Tod) beendet.

176. Om nir-vikalpāyai namaḥ
...die keine falschen Vorstellungen hat.

177. Om nir-ābādhāyai namaḥ
...die sich an nichts stört.

178. Om nir-bhedāyai namaḥ
...die jenseits jeglicher Unterschiede existiert.

179. Om bheda-nāśinyai namaḥ

...die Ihre Devotees befreit von jeglichem aus Vāsanas geborenen Sinn für Unterschied.

180. Om nir-nāśāyai namaḥ

...die Unvergängliche, die ohne Tod.

181. Om mṛtyu-mathanyai namaḥ

...die den Tod besiegt.

182. Om niṣ-kriyāyai namaḥ

...die ohne Handeln bleibt.

183. Om niṣ-parigrahāyai namaḥ

...die nichts erwirbt oder annimmt.

184. Om nis-tulāyai namaḥ

...die unvergleichlich ist, einzigartig.

185. Om nīla-cikurāyai namaḥ

...die glänzend schwarzes Haar hat.

Om, wir verbeugen uns vor Śrī Lalitā,

186. Om nir-apāyāyai namaḥ
...die unvergänglich ist.

187. Om nir-atyayāyai namaḥ
...die nicht überschritten werden kann.

188. Om durlabhāyai namaḥ
...die nur mit viel Mühe gewonnen wird.

189. Om durgamāyai namaḥ
...die nur durch äußerste Bemühungen erreicht wird.

190. Om durgāyai namaḥ
...Durgā, die große Göttin.

191. Om duḥkha-hantryai namaḥ
...die das Leid vernichtet.

192. Om sukha-pradāyai namaḥ
...die Glück spendet.

193. Om duṣṭa-dūrāyai namaḥ
...die sich von denen fernhält, die bösartig sind.

194. Om durācāra-śamanyai namaḥ
...die alle üblen Sitten beendet.

195. Om doṣa-varjitāyai namaḥ
...die frei von jeglichen Fehlern ist.

196. Om sarvajñāyai namaḥ
...die allwissend ist.

197. Om sāndra-karuṇāyai namaḥ
...die tiefes Mitgefühl offenbart.

198. Om samānādhika-varjitāyai namaḥ
...die weder Gleiche noch Überlegene hat.

199. Om sarva-śakti-mayyai namaḥ
...die alle göttlichen Mächte besitzt.

Om, wir verbeugen uns vor Śrī Lalitā,

200. Om sarva-maṅgalāyai namaḥ
...die Quelle von allem Glückverheißenden.

201. Om sad-gati-pradāyai namaḥ
...die auf den rechten Weg führt.

202. Om sarveśvaryai namaḥ
...die über alle lebenden und nicht lebenden Dinge waltet.

203. Om sarva-mayyai namaḥ
...die alles Lebendige und Nichtlebendige durchdringt.

204. Om sarva-mantra-svarūpiṇyai namaḥ
...die Essenz aller Mantras.

205. Om sarva-yantrātmikāyai namaḥ
...die Seele aller Yantras.

206. Om sarva-tantra-rūpāyai namaḥ
...die Seele aller Tantras.

207. Om manonmanyai namaḥ
...die Śivas Śakti (Kraft) ist.

208. Om māheśvaryai namaḥ
...Maheśvaras Gemahlin, des großen Herrschers des Universums.

209. Om mahā-devyai namaḥ
...die höchste Göttin.

210. Om mahā-lakṣmyai namaḥ
...die große Göttin Lakṣmī.

211. Om mṛḍa-priyāyai namaḥ
...Mridas (dem gnädigem Śiva) Weggefährtin.

212. Om mahā-rūpāyai namaḥ
...die eine große Form hat.

213. Om mahā-pūjyāyai namaḥ
...das höchste zu verehrende Ziel.

Om, wir verbeugen uns vor Śrī Lalitā,

214. Om mahā-pātaka-nāśinyai namaḥ
...die sogar die größten Sünden auflöst.

215. Om mahā-māyāyai namaḥ
...die Große Illusion.

216. Om mahā-sattvāyai namaḥ
...die größtes Sattva besitzt.

217. Om mahā-śaktyai namaḥ
...die unendliche Energie ist.

218. Om mahā-ratyai namaḥ
...die in grenzenloser Freude lebt.

219. Om mahā-bhogāyai namaḥ
...die unermesslichen Reichtum besitzt.

220. Om mahaiśvaryāyai namaḥ
...die höchste Souveränität innehat.

296. Oṁ anādi nidhanāyai namaḥ
Ô Toi qui es sans commencement ni fin, je Te rends hommage.

297. Oṁ hari brahmendra sevitāyai namaḥ
Ô Toi que servent les dieux tels que Hari, Brahma et Indra, je Te rends hommage.

298. Oṁ nārāyaṇyai namaḥ
Ô Narayani, Épouse de Narayana (Vishnu), je Te rends hommage.

299. Oṁ nāda rūpāyai namaḥ
Ô Toi, Incarnation du son cosmique *(nada)*, je Te rends hommage.

300. Oṁ nāma rūpa vivarjitāyai namaḥ
Ô Toi qui es sans nom et sans forme, je Te rends hommage.

301. Oṁ hrīṅ kāryai namaḥ
Ô Toi, la syllabe-racine *Hrim* qui représente Bhuvaneshvari, je Te rends hommage.

302. Oṁ hrīmatyai namaḥ
Ô Déesse à la nature réservée, je Te rends hommage.

303. Oṁ hṛdyāyai namaḥ
Ô Toi qui demeures dans le cœur, je Te rends hommage.

304. Oṁ heyopādeya varjitāyai namaḥ
Ô Toi qui es au delà de l'attraction et de la répulsion, je Te rends hommage.

305. Oṁ rāja rājārcitāyai namaḥ
Ô Toi qui es vénérée par le roi des rois, je Te rends hommage.

306. Oṁ rājñyai namaḥ
Ô Toi la Reine, le Seigneur de tous les rois, je Te rends hommage.

307. Oṁ ramyāyai namaḥ
Ô Toi qui es charmante et nous ravis, je Te rends hommage.

308. Oṁ rājīva locanāyai namaḥ
Ô Toi la Déesse aux yeux de lotus, je Te rends hommage.

309. Oṁ rañjinyai namaḥ
Ô Toi qui fais les délices du mental, je Te rends hommage.

310. Oṁ ramaṇyai namaḥ

Ô Toi qui donnes le bonheur, je Te rends hommage.

311. Oṁ rasyāyai namaḥ
Ô Toi qu'il faut savourer / qui savoures, je Te rends hommage.

312. Oṁ raṇat kiṅkiṇi mekhalāyai namaḥ
Ô Toi qui portes une ceinture de clochettes tintinnabulantes, je Te rends hommage.

313. Oṁ ramāyai namaḥ
Ô Toi Rama (Lakshmi), je Te rends hommage.

314. Oṁ rākendu vadanāyai namaḥ
Ô Toi dont le visage a la beauté de la pleine lune, je Te rends hommage.

315. Oṁ rati rūpāyai namaḥ
Ô Toi qui prends la forme de Rati, (l'Épouse du dieu de l'amour, Kama), je Te rends hommage.

316. Oṁ rati priyāyai namaḥ
Ô Toi qui es chère à Rati / qui es servie par Rati, je Te rends hommage.

317. Oṁ rakṣā karyai namaḥ
Ô Toi qui protèges, je Te rends hommage.

318. Oṁ rākṣasa ghnyai namaḥ
Ô Toi qui anéantis la race entière des démons, je Te rends hommage.

319. Oṁ rāmāyai namaḥ
Ô Toi qui donnes le ravissement, je Te rends hommage.

320. Oṁ ramaṇa lampaṭāyai namaḥ
Tu es dévouée à Celui qui règne dans Ton cœur (Shiva), Ô Devi, je Te rends hommage.

321. Oṁ kāmyāyai namaḥ
Ô Toi qu'il faut désirer (comme le bien suprême), je Te rends hommage.

322. Oṁ kāma kalā rūpāyai namaḥ
Ô Toi qui as pris la forme de *kamakala*, je Te rends hommage.

323. Oṁ kadamba kusuma priyāyai namaḥ
Ô Toi qui aimes les fleurs de *kadamba*, je Te rends hommage.

Il y a en ce monde deux *purushas* (personnes) dans un même corps, le permanent et l'impermanent. L'impermanent est ce qui apparaît identifié aux corps et qui a la même durée qu'eux. Le permanent est ce qui demeure après la dissolution des corps et qui, en réalité, est indépendant d'eux.

uttamaḥ puruṣas tvanyaḥ / paramātmety udāhṛtaḥ
yo loka trayam āviśya / bibharty avyaya īśvaraḥ /17

Mais, supérieur à l'impermanent et au permanent, il y a un autre *purusha* appelé Purushottama. Infini et unique Maître de l'univers, il transcende tout l'univers et il est omniprésent.

yasmāt kṣaram atīto'ham / akṣarād api cottamaḥ
ato'smi loke vede ca / prathitaḥ puruṣottamaḥ /18

On l'appelle Purushottama, et c'est lui que célèbrent les Védas et le monde entier car il transcende tout, aussi bien le périssable que l'impérissable.

yo māṁ evam asammūḍho / jānāti puruṣottamam
sa sarva vid bhajati māṁ / sarva bhāvena bhārata /19

Je suis ce Purushottama. Celui qui s'est libéré de l'illusion de ma *maya* et qui Me connaît comme tel a véritablement atteint la connaissance suprême et c'est Moi, l'Impérissable transcendant tout, le Purushottama dans toute sa splendeur, qu'il adore dans chacun de ces actes, ô Bharata.

iti guhyatamaṁ śāstram / idam uktaṁ mayānagha
etad buddhvā buddhimān syāt / kṛta kṛtyaś ca bhārata 20

Ainsi t'ai-Je révélé la plus précieuse des Écritures. Seul celui qui la connaît, (cette précieuse Écriture) possède l'intelligence véritable et lui seul est libéré de tous les devoirs.

Les yogis qui méditent sur la Vérité savent que Cela *(l'atman)* habite dans leur propre cœur comme dans tout l'univers. Mais ceux dont l'esprit grossier [illegible] ni discipline ni contrôle des sens n'accèdent jamais à cette connaissance malgré les efforts qu'ils font pour en obtenir la vision.

yad āditya gataṁ tejo / jagad bhāsayate'khilam
yac candramasi yac cāgnau / tat tejo viddhi māmakam /12

Cette lumière qui permet au soleil d'illuminer le monde, à la lune de briller et au feu de brûler, sache qu'elle est Moi.

gām āviśya ca bhūtāni / dhārayāmy aham ojasā
puṣṇāmi cauṣadhīḥ sarvāḥ / somo bhūtvā rasātmakaḥ /13

C'est grâce à la même énergie que j'*ai pénétré* la terre et en régis le fonctionnement et que je donne *aux herbes* leurs vertus médicinales en pénétrant le *soma*, la source *de leur* essence.

ahaṁ vaiśvānaro bhūtvā / prāṇināṁ deham āśritaḥ
prāṇāpāna samāyuktaḥ / pacāmy annaṁ catur vidham /14

Et parce que Je suis Vaishvanara à l'intérieur de tous les êtres, c'est Moi qui leur permets d'assimiler les quatre types de nourriture qu'ils consomment.

sarvasya cāhaṁ hṛdi sanniviṣto / mattaḥ smṛtir jñānam apohanāṁ ca
vedaiś ca sarvair aham eva vedyo / vedānta kṛd veda vid eva cāham /15

Je réside en tous les êtres, Je suis leur essence la plus profonde. De Moi procède leur mémoire comme leur faculté d'oubli. Je suis la Vérité cherchée dans toutes les Écritures. Sache que Je suis aussi la source de toutes les Écritures et Celui qui en connaît véritablement l'esprit.

dvāv imau puruṣau loke / kṣaraś cākṣara eva ca
kṣaraḥ sarvāṇi bhūtāni / kūtāstho'kṣara ucyate /16

221. Om mahā-vīryāyai namaḥ
...die überragenden Mut zeigt.

222. Om mahā-balāyai namaḥ
...die Allmächtige.

223. Om mahā-buddhyai namaḥ
...die an Intelligenz alle überragt.

224. Om mahā-siddhyai namaḥ
...die höchste Errungenschaften erzielt hat.

225. Om mahā-yogeśvareśvaryai namaḥ
...die selbst von den größten Yogis verehrt wird.

226. Om mahā-tantrāyai namaḥ
...die das größte Tantra ist.

227. Om mahā-mantrāyai namaḥ
...die das größte Mantra ist.

Om, wir verbeugen uns vor Śrī Lalitā,

228. Om mahā-yantrāyai namaḥ
...die das größte Yantra ist.

229. Om mahāsanāyai namaḥ
...die den höchsten Sitz einnimmt.

230. Om mahā-yāga-kramārādhyāyai namaḥ
...die durch das Mahāyāga-Ritual verehrt wird.

231. Om mahā-bhairava-pūjitāyai namaḥ
...die sogar von Mahābhairava (Śiva) verehrt wird.

232. Om maheśvara-mahākalpa-mahātāṇḍava-sākṣiṇyai namaḥ
...die Zeugin des großen Tandavatanzes von Maheśvara, am Ende des Schöpfungszyklus.

233. Om mahā-kāmeśa-mahiṣyai namaḥ
...die höchste Königin des Herzens von Mahākāmeśa (Śiva der Herr der Wünsche).

234. Om mahā-tripura-sundaryai namaḥ
...die größte Tripurasundarī.

235. Om catuḥ-ṣaṣtyupacārāḍhyāyai namaḥ
...die in 64 Ritualen verehrt wird.

236. Om catuḥ-ṣaṣṭi-kalā-mayyai namaḥ
...die Verkörperung der 64 schönen Künste.

237. Om mahā-catuḥ-ṣaṣṭi-koṭi-yoginī-gaṇa-sevitāyai namaḥ
...die von 640 Millionen Yoginīs begleitet wird.

238. Om manu-vidyāyai namaḥ
...die Verkörperung von Manuvidyā.

239. Om candra-vidyāyai namaḥ
...die Verkörperung von Chandravidyā.

240. Om candra-maṇḍala-madhyagāyai namaḥ
...die im Zentrum von Chandramaṇḍala, der Mondscheibe, wohnt.

241. Om cāru-rūpāyai namaḥ
...deren Schönheit weder zu- noch abnimmt.

Om, wir verbeugen uns vor Śrī Lalitā,

242. Om cāru-hāsāyai namaḥ
...die wunderschön lächelt.

243. Om cāru-candra-kalā-dharāyai namaḥ
...die eine schöne Mondsichel auf dem Haupt trägt, die weder zu- noch abnimmt.

244. Om carācara-jagan-nāthāyai namaḥ
...die Gebieterin aller belebten und unbelebten Welten.

245. Om Chakra-rāja-niketanāyai namaḥ
...die im Śrīchakra verweilt.

246. Om pārvatyai namaḥ
...die Tochter des Berges (Himavat oder Himālaya).

247. Om padma-nayanāyai namaḥ
...deren Augen lang und schön sind, wie die Blütenblätter einer Lotosblume.

248. Om padma-rāga-sama-prabhāyai namaḥ
...die einen leuchtend rubinroten Teint hat.

249. Om pañca-pretāsanāsīnāyai namaḥ
...die auf einem Thron aus fünf Leichen sitzt.

250. Om pañca-brahma-svarūpiṇyai namaḥ
...deren Gestalt aus den fünf Brahmas zusammengesetzt ist.

251. Om cinmayyai namaḥ
...die reines Bewusstsein ist.

252. Om paramānandāyai namaḥ
...die höchste Glückseligkeit.

253. Om vijñāna-ghana-rūpiṇyai namaḥ
...die Verkörperung der alles durchdringenden und beständigen Intelligenz.

254. Om dhyāna-dhyātṛ-dhyeya-rūpāyai namaḥ
...die als Meditation, Meditierende und Objekt der Meditation gleichzeitig erscheint.

255. Om dharmādharma-vivarjitāyai namaḥ
...die jenseits von Tugend und Laster weilt (beide transzendiert hat).

Om, wir verbeugen uns vor Śrī Lalitā,

256. Om viśva-rūpāyai namaḥ

...deren Form das ganze Universum ist.

257. Om jāgariṇyai namaḥ

...die den Wachzustand verkörpert; die Form des wachen Jīva annimmt.

258. Om svapantyai namaḥ

...die den Traumzustand verkörpert; die Form des träumenden Jīva annimmt.

259. Om taijasātmikāyai namaḥ

...die im Traumzustand die Seele von Jiva ist.

260. Om suptāyai namaḥ

...die im Tiefschlaf weilt; die Form des Jīva im Tiefschlaf annimmt.

261. Om prājñātmikāyai namaḥ

...die im Tiefschlaf nicht vom Jīva getrennt ist.

262. Om turyāyai namaḥ

...die sich im Turya-Zustand, dem vierten Zustand, befindet (jenseits von Wachen, Träumen und Tiefschlaf).

263. Om sarvāvasthā-vivarjitāyai namaḥ

...die alle Zustände transzendiert.

264. Om sṛṣṭi-kartryai namaḥ

...die Schöpferin.

265. Om brahma-rūpāyai namaḥ

...die in der Form von Brahma dem Schöpfer des Universums erscheint.

266. Om goptryai namaḥ

...die Bewahrende.

267. Om govinda-rūpiṇyai namaḥ

...die dafür die Form Govindas (Vishnu) annimmt.

268. Om saṁhāriṇyai namaḥ

...die Zerstörerin.

Om, wir verbeugen uns vor Śrī Lalitā,

269. Om rudra-rūpāyai namaḥ
...die dafür die Form Rudras (Śiva) annimmt.

270. Om tirodhāna-karyai namaḥ
...die für die Auflösung aller Dinge sorgt.

271. Om īśvaryai namaḥ
...die alles beschützt und beherrscht.

272. Om sadā-śivāyai namaḥ
...die als Sadāśiva immer gutes Gelingen gewährt.

273. Om anugraha-dāyai namaḥ
...die Segen erteilt.

274. Om pañca-kṛtya-parāyaṇāyai namaḥ
...die diese (in den vorherigen Mantras beschrieben) fünf kosmischen Handlungen ausführt (Schöpfung, Bewahrung, Zerstörung, Auflösung und Segnung).

275. Om bhānu-maṇḍala-madhyasthāyai namaḥ
...die inmitten der Sonnenscheibe verweilt.

276. Om bhairavyai namaḥ
...die Gemahlin von Bhairava (Śiva der Schreckliche).

277. Om bhaga-mālinyai namaḥ
...die eine Girlande aus sechs Erhabenheiten trägt.

278. Om padmāsanāyai namaḥ
...die in der Lotusblüte ruht.

279. Om bhagavatyai namaḥ
...die jene schützt, die sie verehren.

280. Om padma-nābha-sahodaryai namaḥ
...die Schwester von Viṣṇu (des Lotus-Nabels).

281. Om unmeṣa-nimiṣotpanna-vipanna-bhuvanāvalyai namaḥ
...die durch das Öffnen und Schließen Ihrer Augen, das Entstehen und Verschwinden vieler Welten bewirkt.

Om, wir verbeugen uns vor Śrī Lalitā,

282. Om sahasra-śīrṣa-vadanāyai namaḥ
...die mit tausend Köpfen und Gesichtern.

283. Om sahasrākṣyai namaḥ
...die mit tausend Augen.

284. Om sahasra-pade namaḥ
...die mit tausend Füßen.

285. Om ābrahma-kīṭa-jananyai namaḥ
...Mutter von allem, von Brahmā bis hin zum einfachsten Insekt.

286. Om varṇāśrama-vidhāyinyai namaḥ
...die gesellschaftliche Ordnung und Aufteilung festlegte.

287. Om nijājñā-rūpa-nigamāyai namaḥ
...deren Weisungen in Form der Veden erscheinen.

288. Om puṇyāpuṇya-phala-pradāyai namaḥ
...die sowohl die Früchte der guten- wie auch der schlechten Taten verteilt.

289. Om śruti-sīmanta-sindūrī-kṛta-pādābja-dhūlikāyai namaḥ

...deren Fußstaub die zinnoberrote Scheitellinie der Śruti-Devatās (Veden) bildet.

290. Om sakalāgama-sandoha-śukti-sampuṭa-mauktikāyai namaḥ

...die Perle, die in der Muschel aus allen Schriften eingebettet ist, umschlossen durch die Muschelschale, gebildet aus allen Schriften.

291. Om puruṣārtha-pradāyai namaḥ

...die die vier Lebensziele gewährt (Freude, Wohlstand, Rechtschaffenheit und Befreiung).

292. Om pūrṇāyai namaḥ

...die immerwährend Vollkommene, ohne Wachstum oder Verfall.

293. Om bhoginyai namaḥ

...die Genießende.

294. Om bhuvaneśvaryai namaḥ

...die Gebieterin der Schöpfung.

295. Om ambikāyai namaḥ

...die Mutter des Universums.

Om, wir verbeugen uns vor Śrī Lalitā,

296. Om anādi-nidhanāyai namaḥ
...die weder Anfang noch Ende hat.

297. Om hari-brahmendra-sevitāyai namaḥ
...die von Viṣṇu, Brahmā und Indra begleitet wird.

298. Om nārāyaṇyai namaḥ
...das weibliche Gegenstück zu Nārāyaṇa (Viṣṇu).

299. Om nāda-rūpāyai namaḥ
...deren Form aus Klang besteht.

300. Om nāma-rūpa-vivarjitāyai namaḥ
...die weder Name noch Form hat.

301. Om hrīṅ-kāryai namaḥ
...die in Form der Silbe hrīm existiert.

302. Om hrīmatyai namaḥ
...die Bescheidene.

303. Om hṛdyāyai namaḥ
...die in den Herzen innewohnt.

304. Om heyopādeya-varjitāyai namaḥ
...die nichts ablehnen und nichts akzeptieren muss.

305. Om rāja-rājārcitāyai namaḥ
...die vom König der Könige verehrt wird.

306. Om rājñyai namaḥ
...die Königin von Śiva, dem Herrn aller Könige.

307. Om ramyāyai namaḥ
...die Freude bringt; die lieblich ist.

308. Om rājīva-locanāyai namaḥ
...deren Augen wie Rājīva sind (Lotus, Reh oder Fisch).

309. Om rañjinyai namaḥ
...die den Mind beseelt.

Om, wir verbeugen uns vor Śrī Lalitā,

310. Om ramaṇyai namaḥ
...die Freude verbreitet.

311. Om rasyāyai namaḥ
...die zu genießen ist; die genießt.

312. Om raṇat-kiṅkiṇi-mekhalāyai namaḥ
...die einen Gürtel mit klingenden Glöckchen trägt.

313. Om ramāyai namaḥ
...die Lakṣmi und Sarasvati ist.

314. Om rākendu-vadanāyai namaḥ
...die ein entzückendes Gesicht gleich dem Vollmond hat.

315. Om rati-rūpāyai namaḥ
...die in der Gestalt von Rati erscheint, der Gemahlin von Kāma.

316. Om rati-priyāyai namaḥ
...die Rati liebt; die von Rati liebend bedient wird.

317. Om rakṣā-karyai namaḥ
...die Beschützerin.

318. Om rākṣasa-ghnyai namaḥ
...die Bezwingerin aller Dämonen.

319. Om rāmāyai namaḥ
...die Vergnügen verbreitet.

320. Om ramaṇa-lampaṭāyai namaḥ
...die sich vollkommen dem Herrn Ihres Herzens, Lord Shiva, ergeben hat.

321. Om kāmyāyai namaḥ
...der alle Sehnsüchte gelten.

322. Om kāma-kalā-rūpāyai namaḥ
...die Kāmakālas Form annimmt.

323. Om kadamba-kusuma-priyāyai namaḥ
...die Kadamba-Blumen besonders liebt.

Om, wir verbeugen uns vor Śrī Lalitā,

324. Om kalyāṇyai namaḥ
...die Glückverheißende.

325. Om jagatī-kandāyai namaḥ
...die Wurzel der ganzen Welt.

326. Om karuṇā-rasa-sāgarāyai namaḥ
...der Ozean des Mitgefühls.

327. Om kalāvatyai namaḥ
...die alle Künste verkörpert.

328. Om kalālāpāyai namaḥ
...die melodisch und voller Süße spricht.

329. Om kāntāyai namaḥ
...die schön ist.

330. Om kādambarī-priyāyai namaḥ
...die Honigwein liebt.

331. Om varadāyai namaḥ
...die großzügig Ihren Segen verteilt.

332. Om vāma-nayanāyai namaḥ
...die schöne Augen hat.

333. Om vāruṇī-mada-vihvalāyai namaḥ
...die von Vāruṇī berauscht ist.

334. Om viśvādhikāyai namaḥ
...die das Weltall transzendiert.

335. Om veda-vedyāyai namaḥ
...die durch die Veden wohlbekannt ist.

336. Om vindhyācala-nivāsinyai namaḥ
...die in den Vindhya-Bergen wohnt.

337. Om vidhātryai namaḥ
...die dieses Universum erschafft und es aufrechterhält.

Om, wir verbeugen uns vor Śrī Lalitā,

338. Om veda-jananyai namaḥ
...die Mutter der Veden.

339. Om viṣṇu-māyāyai namaḥ
...die illusorische Kraft von Vishnu.

340. Om vilāsinyai namaḥ
...die Spielerische.

341. Om kṣetra-svarūpāyai namaḥ
...deren Körper die Materie ist.

342. Om kṣetreśyai namaḥ
...die Frau von Śiva, dem Herrn der Materie und dem Herrn aller Körper.

343. Om kṣetra-kṣetrajña-pālinyai namaḥ
...die Beschützerin der Materie, die Körper und Seele beschützt.

344. Om kṣaya-vṛddhi-vinirmuktāyai namaḥ
...die frei von Wachstum und Verfall ist.

345. Om kṣetra-pāla-samarcitāyai namaḥ
...die von Kṣetrapāla (dem Erhalter des Körpers) verehrt wird.

346. Om vijayāyai namaḥ
...die ewig Siegreiche.

347. Om vimalāyai namaḥ
...die nicht einen Hauch von Unreinheit aufweist.

348. Om vandyāyai namaḥ
...die anbetungswürdig ist, würdig der Verehrung.

349. Om vandāru-jana-vatsalāyai namaḥ
...die Ihre Devotees wie eine Mutter liebt.

350. Om vāg-vādinyai namaḥ
...die Sprechende.

351. Om vāma-keśyai namaḥ
...die wunderschönes Haar hat.

Om, wir verbeugen uns vor Śrī Lalitā,

352. Om vahni-maṇḍala-vāsinyai namaḥ
...die in der Feuerscheibe residiert.

353. Om bhaktimat-kalpa-latikāyai namaḥ
...die der wunscherfüllende Kalpa-Baum Ihrer Devotees ist.

354. Om paśu-pāśa-vimocinyai namaḥ
...die Unwissende von diesen Fesseln befreit.

355. Om saṁhṛtāśeṣa-pāṣaṇḍāyai namaḥ
...die alle Abtrünnigen vernichtet.

356. Om sadācāra-pravartikāyai namaḥ
...die fest im rechten Tun und Handeln verankert ist; die zum richtigen Handeln inspiriert.

357. Om tāpa-trayāgni-santapta-samāhlādana-candrikāyai namaḥ
...die das Mondlicht ist, das denen Freude schenkt, die durchs dreifache Leidensfeuer verbrennen.

358. Om taruṇyai namaḥ
...die allzeit jung ist.

359. Om tāpasārādhyāyai namaḥ
...die von Asketen verehrt wird.

360. Om tanu-madhyāyai namaḥ
...die eine schlanke Taille hat.

361. Om tamopahāyai namaḥ
...die, die aus Tamas geborene Unwissenheit beseitigt.

362. Om cityai namaḥ
...die reine Intelligenz ist.

363. Om tat-pada-lakṣyārthāyai namaḥ
...die Verkörperung der Wahrheit (‚tat').

364. Om cid-eka-rasa-rūpiṇyai namaḥ
...deren Natur reine Intelligenz (cid) ist, die Ursache des Wissens.

Om, wir verbeugen uns vor Śrī Lalitā,

365. Om svātmānandalavī-bhūta-brahmādyānanda-santatyai namaḥ

...deren Glückseligkeit, die von Brahma und anderen überstrahlt.

366. Om parāyai namaḥ

...die Höchste, die alles transzendiert.

367. Om pratyak-citī-rūpāyai namaḥ

...deren Natur das unmanifestierte Bewusstsein, Brahman ist.

368. Om paśyantyai namaḥ

...die die zweite Klangebene (nach Para, vor Madhyama und Vaikari) manifestiert.

369. Om para-devatāyai namaḥ

... die höchste Göttin Paraśakti.

370. Om madhyamāyai namaḥ

...die in der Mitte verweilt.

371. Om vaikharī-rūpāyai namaḥ

...die als manifestierter, hörbarer Klang existiert.

372. Om bhakta-mānasa-haṁsikāyai namaḥ
...die als Schwan im Mind Ihrer Devotees weilt.

373. Om kāmeśvara-prāṇa-nāḍyai namaḥ
...die wahre Lebensenergie von Kameśvara (Herr der Wünsche), Ihrem Gefährten.

374. Om kṛtajñāyai namaḥ
...die alle unsere Handlungen kennt, sobald sie geschehen.

375. Om kāma-pūjitāyai namaḥ
...die von Kāma verehrt wird.

376. Om śṛṅgāra-rasa-sampūrṇāyai namaḥ
...die von der Essenz der Liebe erfüllt ist.

377. Om jayāyai namaḥ
...die allezeit und überall Siegreiche.

378. Om jālandhara-sthitāyai namaḥ
...die im Jālandhara-Pītha (Viśuddhi-Chakra) wohnt.

Om, wir verbeugen uns vor Śrī Lalitā,

379. Om oḍyāṇa-pīṭha-nilayāyai namaḥ
...deren Wohnsitz das Odyāna-Zentrum (Ājña-Chakra) ist.

380. Om bindu-maṇḍala-vāsinyai namaḥ
...die im Bindu-Maṇḍala weilt.

381. Om raho-yāga-kramārādhyāyai namaḥ
...die im Geheimen, durch Darbringungsriten verehrt wird.

382. Om rahas-tarpaṇa-tarpitāyai namaḥ
...die durch die geheimen Verehrungsriten zufriedengestellt wird.

383. Om sadyaḥ-prasādinyai namaḥ
...die sofort Ihre Gnade gewährt.

384. Om viśva-sākṣiṇyai namaḥ
...Sakṣi, die Zeugin des gesamten Universums.

385. Om sākṣi-varjitāyai namaḥ
...die selbst keinen Zeugen hat.

386. Om ṣaḍ-aṅga-devatā-yuktāyai namaḥ
...die von den Göttinnen der ‚sechs Teile' begleitet wird.

387. Om ṣāḍ-guṇya-pari-pūritāyai namaḥ
...die mit den sechs guten Eigenschaften vollkommen ausgestattet ist.

388. Om nitya-klinnāyai namaḥ
...die ewig Mitfühlende.

389. Om nirupamāyai namaḥ
...die unvergleichlich ist.

390. Om nirvāṇa-sukha-dāyinyai namaḥ
...die die Glückseligkeit der Befreiung schenkt.

391. Om nityā-ṣoḍaśikā-rūpāyai namaḥ
...die in Gestalt der sechzehn Tages-Gottheiten erscheint.

392. Om śrīkaṇṭhārdha-śarīriṇyai namaḥ
...die eine Körperhälfte von Śrikantha (Śiva) besitzt.

Om, wir verbeugen uns vor Śrī Lalitā,

393. Om prabhāvatyai namaḥ
...die Strahlende.

394. Om prabhā-rūpāyai namaḥ
...die aus sich erstrahlt.

395. Om prasiddhāyai namaḥ
...die gefeiert wird.

396. Om parameśvaryai namaḥ
...die höchste Herrscherin.

397. Om mūla-prakṛtyai namaḥ
...der Ursprung des gesamten Universums.

398. Om avyaktāyai namaḥ
...die unmanifestiert ist.

399. Om vyaktāvyakta-svarūpiṇyai namaḥ
...die in den manifestierten und in den unmanifestierten Formen existiert.

400. Om vyāpinyai namaḥ
...die alles durchdringt.

401. Om vividhākārāyai namaḥ
...die unzählige Formen hat.

402. Om vidyāvidyā-svarūpiṇyai namaḥ
...die sowohl in Form von Wissen wie auch von Unwissenheit erscheint.

403. Om mahā-kāmeśa-nayana-kumudāhlāda-kaumudyai namaḥ
...die wie das Mondlicht die Wasserlilien, die Augen von Mahā-Kāmeśa (Śiva) erfreut.

404. Om bhakta-hārda-tamo-bheda-bhānumad-bhānu-santatyai namaḥ
...der Sonnenstrahl, der die Dunkelheit aus den Herzen Ihrer Devotees vertreibt.

405. Om śiva-dūtyai namaḥ
...der Śiva als Botschafter dient.

406. Om śivārādhyāyai namaḥ
...die von Śiva verehrt wird.

Om, wir verbeugen uns vor Śrī Lalitā,

407. Om śiva-mūrtyai namaḥ
...deren Form Śiva selbst ist.

408. Om śivaṅkaryai namaḥ
...die Wohlstand (Glückverheißung) gewährt, die Ihre Devotees in Shiva verwandelt.

409. Om śiva-priyāyai namaḥ
...die von Śiva geliebt wird.

410. Om śiva-parāyai namaḥ
...die ausschließlich Śiva ergeben ist.

411. Om śiṣṭeṣṭāyai namaḥ
...die von Rechtschaffenen geliebt wird, die Rechtschaffene liebt.

412. Om śiṣṭa-pūjitāyai namaḥ
...die stets von Rechtschaffenen verehrt wird.

413. Om aprameyāyai namaḥ
...die für die Sinne unermesslich ist.

414. Om svaprakāśāyai namaḥ
...die aus sich selbst leuchtet.

415. Om mano-vācām-agocarāyai namaḥ
...die jenseits der Reichweite von Mind und Sprache liegt.

416. Om cicchaktyai namaḥ
...die Kraft des Bewusstseins.

417. Om cetanā-rūpāyai namaḥ
...die das absolutes Bewusstsein ist.

418. Om jaḍa-śaktyai namaḥ
...die Maya ist, die sich in die Schöpfungskraft verwandelt hat.

419. Om jaḍātmikāyai namaḥ
...die in Form der unbelebten Welt besteht.

420. Om gāyatryai namaḥ
...die das Gāyatrī-Mantra ist.

Om, wir verbeugen uns vor Śrī Lalitā,

421. Om vyāhṛtyai namaḥ
...deren Natur Ausdruck ist, die über die Macht der Sprache herrscht.

422. Om sandyāyai namaḥ
...die als Dämmerung erscheint.

423. Om dvija-vṛnda-niṣevitāyai namaḥ
...die von den zweimal Geborenen verehrt wird.

424. Om tattvāsanāyai namaḥ
...deren Sitz die Tattvas sind; die in Tattva verweilt.

425. Om tasmai namaḥ
...die mit dem Wort ‚tat' bezeichnet wird (die höchste Wahrheit, Brahman).

426. Om tubhyam namaḥ
...die mit dem Wort ‚tvam' angesprochen wird (Du).

427. Om ayyai namaḥ
...die geliebten Mutter.

428. Om pañca-kośāntara-sthitāyai namaḥ
...die die fünf Hüllen (kośas) bewohnt.

429. Om niḥsīma-mahimne namaḥ
...deren Ruhm und Herrlichkeit grenzenlos sind.

430. Om nitya-yauvanāyai namaḥ
...die ewige Jugend.

431. Om mada-śālinyai namaḥ
...die in verzückter Berauschung leuchtet.

432. Om mada-ghūrṇita-raktākṣyai namaḥ
...deren leicht gerötete Augen vor Entzücken rollen und nach Innen schauen.

433. Om mada-pāṭala-gaṇḍa-bhuve namaḥ
...deren Wangen vor Begeisterung rosig sind.

434. Om candana-drava-digdhāṅgyai namaḥ
...deren Körper mit Sandelholzpaste eingerieben ist.

Om, wir verbeugen uns vor Śrī Lalitā,

435. Om cāmpeya-kusuma-priyāyai namaḥ

...die Champaka-Blumen besonders liebt.

436. Om kuśalāyai namaḥ

...die umsichtig und geschickt ist.

437. Om komalākārāyai namaḥ

...die Anmutige.

438. Om kurukullāyai namaḥ

...die Śakti namens Kurukullā.

439. Om kuleśvaryai namaḥ

...die Herrscherin von Kula (Triade aus dem Wissenden, dem Bekanntem und dem Wissen).

440. Om kula-kuṇḍālayāyai namaḥ

...die im Kulakuṇḍa (dem Zentrum des Muladhara Chakras) weilt.

441. Om kaula-mārga-tatpara-sevitāyai namaḥ
...die von den Devotees der Kaula-Tradition verehrt wird.

442. Om kumāra-gaṇanāthāmbāyai namaḥ
...die Mutter von Subrahmanya und Ganeśa.

443. Om tuṣṭyai namaḥ
...die ewig Zufriedene.

444. Om puṣṭyai namaḥ
...die die Kraft in der Nahrung ist.

445. Om matyai namaḥ
...die sich als Intelligenz manifestiert.

446. Om dhṛtyai namaḥ
...die Mut hat.

447. Om śāntyai namaḥ
...die Gelassenheit in sich selbst ist.

Om, wir verbeugen uns vor Śrī Lalitā,

448. Om svasti-matyai namaḥ
...die höchste Wahrheit.

449. Om kāntyai namaḥ
...die der Lichterglanz ist.

450. Om nandinyai namaḥ
...die Wonne schenkt.

451. Om vighna-nāśinyai namaḥ
...die alle Hindernisse beseitigt.

452. Om tejovatyai namaḥ
...die aus sich selbst heraus erstrahlt.

453. Om tri-nayanāyai namaḥ
...deren drei Augen, die Sonne, der Mond und das Feuer sind.

454. Om lolākṣī-kāma-rūpiṇyai namaḥ
...die in Form von Liebe in Frauen wirkt.

455. Om mālinyai namaḥ
...die Girlanden trägt.

456. Om haṁsinyai namaḥ
...die nicht von Hamsas (vollendeten Yogis) getrennt ist.

457. Om mātre namaḥ
...die Mutter.

458. Om malayācala-vāsinyai namaḥ
...die in den Malaya-Bergen lebt.

459. Om sumukhyai namaḥ
...die ein schönes Antlitz hat.

460. Om nalinyai namaḥ
...deren Körper weich und schön ist, wie ein Lotusblütenblatt.

461. Om subhruve namaḥ
...die wunderschöne Augenbrauen hat.

Om, wir verbeugen uns vor Śrī Lalitā,

462. Om śobhanāyai namaḥ
...die ewig strahlt.

463. Om suranāyikāyai namaḥ
...die Anführerin der Götter.

464. Om kālakaṇṭhyai namaḥ
...die Gefährtin des Blauhalses (Śivas).

465. Om kānti-matyai namaḥ
...die Strahlende.

466. Om kṣobhiṇyai namaḥ
...die den Mind in Aufruhr versetzt.

467. Om sūkṣma-rūpiṇyai namaḥ
...deren feinstoffliche Form nicht von den Sinnesorganen wahrgenommen werden kann.

468. Om vajreśvaryai namaḥ
...Vajreśvari (Herrin des Diamanten), die sechste Tagesgöttin.

469. Om vāma-devyai namaḥ
...Gemahlin von Vāmadeva (des edlen Śivas).

470. Om vayovasthā-vivarjitāyai namaḥ
...die zeit- und altersbedingten Veränderungen nicht unterliegt.

471. Om siddheśvaryai namaḥ
...die Göttin, die von spirituellen Eingeweihten verehrt wird.

472. Om siddha-vidyāyai namaḥ
...die in der Form des fünfzehnsilbigen Mantras, des Siddhavidyā-Mantra existiert.

473. Om siddha-mātre namaḥ
...Mutter der Siddhas.

474. Om yaśasvinyai namaḥ
...deren Ruhm unübertroffen ist.

475. Om viśuddhi-Chakra-nilayāyai namaḥ
...die im Viśuddhi-Chakra residiert.

Om, wir verbeugen uns vor Śrī Lalitā,

476. Om ārakta-varṇāyai namaḥ
...die einen leicht roten (rosigen) Teint hat.

477. Om tri-locanāyai namaḥ
...die drei Augen hat.

478. Om khaṭvāṅgādi-praharaṇāyai namaḥ
...die mit Keule und weiteren Waffen ausgestattet ist.

479. Om vadanaika-samanvitāyai namaḥ
...die nur ein Gesicht besitzt.

480. Om pāyasānna-priyāyai namaḥ
...die süßen Reis besonders liebt.

481. Om tvaksthāyai namaḥ
...der Göttin des Tastsinns (der Haut).

482. Om paśu-loka-bhayaṅkaryai namaḥ
...die sterblichen Wesen, die an der weltlichen Existenz hängen, Angst einflößt

483. Om amṛtādi-mahāśakti-saṁvṛtāyai namaḥ
...die von Amṛta und anderen Śaktis umgeben ist.

484. Om ḍākinīśvaryai namaḥ
...die die Dākinī-Göttin ist (durch die neun vorangehenden Namen beschrieben).

485. Om anāhatābja-nilayāyai namaḥ
...die im Anāhata-Lotus, im Herzen residiert.

486. Om śyāmābhāyai namaḥ
...die eine schwarzer Hautfarbe hat.

487. Om vadana-dvayāyai namaḥ
...die zwei Gesichter hat.

488. Om daṁṣṭrojjvalāyai namaḥ
...die leuchtende Stoßzähne hat.

489. Om akṣa-mālādi-dharāyai namaḥ
...die Girlanden aus Rudraksas und andere Materialien trägt.

Om, wir verbeugen uns vor Śrī Lalitā,

490. Om rudhira-saṁsthitāyai namaḥ
...die das Blut in den Körpern aller Lebewesen beherrscht.

491. Om kāla-rātryādi-śaktyaugha-vṛtāyai namaḥ
...die von Kālarātrī und anderen Śaktis umgeben ist.

492. Om snigdhaudana-priyāyai namaḥ
...die Speiseopfer liebt, welche mit Ghee, Öl und anderen Fetten zubereitet sind.

493. Om mahā-vīrendra-varadāyai namaḥ
...die die großen Krieger segnet.

494. Om rākiṇyambā-svarūpiṇyai namaḥ
...die in der Form der Mutter Rakini existiert (beschrieben in den Namen 485 bis 493).

495. Om maṇipūrābja-nilayāyai namaḥ
...die im zehnblättrigen Lotus des Maṇipūraka-Chakra residiert.

496. Om vadana-traya-samyutāyai namaḥ
...die drei Gesichter hat.

497. Om vajrādikāyudhopetāyai namaḥ
...die den Vajra (Blitz) und andere Waffen führt.

498. Om ḍāmaryādibhir-āvṛtāyai namaḥ
...die von Dāmarī und anderen zugehörigen Göttinnen umgeben ist.

499. Om rakta-varṇāyai namaḥ
...die einen roten Teint hat.

500. Om māṁsa-niṣṭhāyai namaḥ
...die über das Fleisch in allen Lebewesen herrscht.

501. Om guḍānna-prīta-mānasāyai namaḥ
...die süßen Reis mit Rohrzucker zubereitet liebt.

502. Om samasta-bhakta-sukhadāyai namaḥ
...die allen Ihren Devotees Glück gewährt.

503. Om lākinyambā-svarūpiṇyai namaḥ
...die in der Gestalt von Mutter Lākinī erscheint (beschrieben in den Namen 495 bis 502).

Om, wir verbeugen uns vor Śrī Lalitā,

504. Om svādhiṣṭhānāmbuja-gatāyai namaḥ
...die im sechsblättrigen Lotus des Svādhiṣṭhāna-Chakras wohnt.

505. Om catur-vaktra-manoharāyai namaḥ
...die vier schöne Gesichter zeigt.

506. Om śūlādyāyudha-sampannāyai namaḥ
...die den Dreizack und andere Waffen (Schlinge, Schädel und Abhaya) beherrscht.

507. Om pīta-varṇāyai namaḥ
...die eine goldgelbe Farbe hat.

508. Om ati-garvitāyai namaḥ
...die stolz ist (auf Ihre Waffen und Ihre fesselnde Schönheit).

509. Om medo-niṣṭhāyai namaḥ
...die im Fett der Lebewesen innewohnt.

510. Om madhu-prītāyai namaḥ
...die Honig und Opfergaben mit Honig liebt.

511. Om bandhinyādi-samanvitāyai namaḥ
...die von Bandhinī und anderen Śaktis begleitet wird.

512. Om dadhyannāsakta-hṛdayāyai namaḥ
...die mit Joghurt zubereitete Opferspeisen gerne hat.

513. Om kākinī-rūpa-dhāriṇyai namaḥ
...die in der Gestalt der Kākinī Yoginī erscheint (beschrieben in den Namen 504 bis 512).

514. Om mūlādhārāmbujārūḍhāyai namaḥ
...die im Lotus des Mūlādhāra-Chakra wohnt.

515. Om pañca-vaktrāyai namaḥ
...die fünf Gesichter hat.

516. Om asthi-saṁsthitāyai namaḥ
...die in den Knochen wohnt.

517. Om aṅkuśādi-praharaṇāyai namaḥ
...die Keule und andere Waffen trägt.

Om, wir verbeugen uns vor Śrī Lalitā,

518. Om varadādi-niṣevitāyai namaḥ
...die von Varadā und anderen Śaktis geehrt wird.

519. Om mudgaudanāsakta-cittāyai namaḥ
...die Opferspeisen aus Mungbohnen besonders gerne hat.

520. Om sākinyambā-svarūpiṇyai namaḥ
...die in der Gestalt von Mutter Sākinī erscheint (beschrieben in den Namen 514 bis 519).

521. Om ājñā-cakrābja-nilayāyai namaḥ
...die im zweiblättrigen Lotus des Ājñā-Chakra residiert.

522. Om śukla-varṇāyai namaḥ
...die weiß ist.

523. Om ṣaḍ-ānanāyai namaḥ
...die sechs Gesichter hat.

524. Om majjā-saṁsthāyai namaḥ
...die führende Göttin im Knochenmark.

525. Om haṁsa-vatī-mukhya-śakti-samanvitāyai namaḥ

...die von den Śaktis Haṁsavatī und Kṣamāvatī begleitet wird.

526. Om haridrānnaika-rasikāyai namaḥ

...die mit Kurkuma gewürztes Speisen liebt.

527. Om hākinī-rūpa-dhāriṇyai namaḥ

...die in Form von Hākinī Devī erscheint (beschrieben in den Namen 521 bis 526).

528. Om sahasra-dala-padmasthāyai namaḥ

...die im tausendblättrigen Lotus residiert.

529. Om sarva-varṇopaśobhitāyai namaḥ

...die wunderbar in allen Farben erstrahlt.

530. Om sarvāyudha-dharāyai namaḥ

...die alle bekannten Waffen beherrscht.

531. Om śukla-saṁsthitāyai namaḥ

...die im Samen residiert.

Om, wir verbeugen uns vor Śrī Lalitā,

532. Om sarvatomukhyai namaḥ
...deren Gesichter in alle Richtungen blicken.

533. Om sarvaudana-prīta-cittāyai namaḥ
...die sich über alle Nahrungsopfer freut.

534. Om yākinyambā-svarūpiṇyai namaḥ
...die in der Gestalt von Mutter Yākinī erscheint (beschrieben in den Namen 528 bis 533).

535. Om svāhāyai namaḥ
...der die Anrufung Svāhā bei Feueropferzeremonien gilt.

536. Om svadhāyai namaḥ
...der die Anrufung Svadhā bei Ritualen für Vorfahren gilt.

537. Om amatyai namaḥ
...die in der Form von Unwissenheit, Nichtwissen erscheint.

538. Om medhāyai namaḥ
...die in Form von Weisheit, Wissen erscheint.

539. Om śrutyai namaḥ
...die in Form der Veden existiert.

540. Om smṛtyai namaḥ
...die als Smṛti erscheint.

541. Om anuttamāyai namaḥ
...die von niemandem übertroffen wird, die Beste ist.

542. Om puṇya-kīrtyai namaḥ
...deren Ruhm heilig, rechtschaffen ist.

543. Om puṇya-labhyāyai namaḥ
...die nur von rechtschaffenen Seelen erreicht wird.

544. Om puṇya-śravaṇa-kīrtanāyai namaḥ
...die jedem Ihre Gunst schenkt, der von Ihr hört und Sie preist.

545. Om pulomajārcitāyai namaḥ
...die von Indras Gemahlin Pulomajā verehrt wird.

Om, wir verbeugen uns vor Śrī Lalitā,

546. Om bandha-mocinyai namaḥ

...die frei von Bindungen ist, die von Bindungen befreit.

547. Om barbarālakāyai namaḥ

...die lockige Haare hat.

548. Om vimarśa-rūpiṇyai namaḥ

...die in Form von Vimarśa auftritt.

549. Om vidyāyai namaḥ

...die in Form von Wissen existiert.

550. Om viyadādi-jagat-prasuve namaḥ

...die Mutter des Universums, das aus Äther und den anderen Elementen besteht.

551. Om sarva-vyādhi-praśamanyai namaḥ

...die alle Krankheiten und Sorgen nimmt.

552. Om sarva-mṛtyu-nivāriṇyai namaḥ

...die Ihre Devotees vor allen Todesarten beschützt.

553. Om agra-gaṇyāyai namaḥ
...die als Erste zu betrachten ist.

554. Om acintya-rūpāyai namaḥ
...deren Form jenseits der Reichweite der Gedanken liegt.

555. Om kali-kalmaṣa-nāśinyai namaḥ
...die alle Sünden des Kali-Zeitalters vernichtet.

556. Om kātyāyanyai namaḥ
...die Tochter des Weisen, der Kata genannt wird.

557. Om kāla-hantryai namaḥ
...die Zeit (Tod) vernichtet.

558. Om kamalākṣa-niṣevitāyai namaḥ
...bei der selbst Viṣṇu Zuflucht sucht.

559. Om tāmbūla-pūrita-mukhyai namaḥ
...deren Mund voller Betel ist.

Om, wir verbeugen uns vor Śrī Lalitā,

560. Om dāḍimī-kusuma-prabhāyai namaḥ
...die wie eine Granatapfelblüte schimmert.

561. Om mṛgākṣyai namaḥ
...die länglich-schöne Augen hat, gleich denen eines Rehs.

562. Om mohinyai namaḥ
...die Bezaubernde.

563. Om mukhyāyai namaḥ
...die Erste.

564. Om mṛḍānyai namaḥ
...die Gefährtin von Mṛda (Śiva).

565. Om mitra-rūpiṇyai namaḥ
...die aller Freund ist, die Freundin des Universums.

566. Om nitya-tṛptāyai namaḥ
...die ewig zufrieden ist.

567. Om bhakta-nidhaye namaḥ
...die Kostbarkeit Ihrer Devotees.

568. Om niyantryai namaḥ
...die alle Wesen beherrscht und auf den rechten Pfad führt.

569. Om nikhileśvaryai namaḥ
...die über alles und jedes herrscht.

570. Om maitryādi-vāsanā-labhyāyai namaḥ
...die durch Liebe und gute Eigenschaften erreicht wird.

571. Om mahā-pralaya-sākṣiṇyai namaḥ
...die Zeugin der Letzten Auflösung.

572. Om parāśaktyai namaḥ
...die ursprüngliche höchste Kraft.

573. Om parā-niṣṭhāyai namaḥ
...die das höchste Ende ist, das höchste Verweilen.

Om, wir verbeugen uns vor Śrī Lalitā,

574. Om prajñāna-ghana-rūpiṇyai namaḥ
...die das reine, konzentrierte Wissen verkörpert.

575. Om mādhvī-pānālasāyai namaḥ
...die vom Weintrinken ermattet ist, die nichts begehrt.

576. Om mattāyai namaḥ
...die berauscht ist.

577. Om mātṛkā-varṇa-rūpiṇyai namaḥ
...die in der Form des Alphabetes, der Buchstaben existiert.

578. Om mahā-kailāsa-nilayāyai namaḥ
...die auf dem großen Berg Kailas residiert.

579. Om mṛṇāla-mṛdu-dor-latāyai namaḥ
...deren Arme so weich und kühl sind, wie der Lotus-Stängel.

580. Om mahanīyāyai namaḥ
...die anbetungswürdig ist.

581. Om dayā-mūrtyai namaḥ
...die Verkörperung des reinen Mitgefühls.

582. Om mahā-sāmrājya-śālinyai namaḥ
...die das große Reich der drei Welten regiert.

583. Om ātma-vidyāyai namaḥ
...die das Wissen vom Selbst ist.

584. Om mahā-vidyāyai namaḥ
...die Heimatstätte des erhabenen Wissens, das Wissen des Selbst.

585. Om śrī-vidyāyai namaḥ
...die das heilige Wissen ist.

586. Om kāma-sevitāyai namaḥ
...die von Kāmadeva (Gott der Liebe) verehrt wird.

587. Om śrī-ṣoḍaśākṣarī-vidyāyai namaḥ
...die in Form des sechzehnsilbigen Śrī-Vidyā-Mantras besteht.

Om, wir verbeugen uns vor Śrī Lalitā,

588. Om trikūṭāyai namaḥ
...die in drei Teilen existiert.

589. Om kāma-koṭikāyai namaḥ
...ein Teil von der Kāma (Śiva) ist.

590. Om kaṭākṣa-kiṅkarī-bhūta-kamalā-koṭi-sevitāyai namaḥ
...der Millionen von Lakṣmīs dienen, Ihren bloßen Blicken ergeben sind.

591. Om śiraḥ-sthitāyai namaḥ
...die in dem Kopf innewohnt.

592. Om candra-nibhāyai namaḥ
...die strahlend wie der Mond erscheint.

593. Om bhālasthāyai namaḥ
...die in der Stirn (zwischen den Augenbrauen) weilt.

594. Om indra-dhanuḥ-prabhāyai namaḥ
...die wie der Regenbogen leuchtet.

595. Om hṛdayasthāyai namaḥ
...die in dem Herzen innewohnt.

596. Om ravi-prakhyāyai namaḥ
...die mit der außergewöhnlichen Leuchtkraft der Sonne erstrahlt.

597. Om trikoṇāntara-dīpikāyai namaḥ
...die als Licht im Inneren des Dreiecks leuchtet.

598. Om dākṣāyaṇyai namaḥ
...die Satīdevī, die Tochter von Dakṣa Prajāpati ist.

599. Om daitya-hantryai namaḥ
...die Dämonen tötet.

600. Om dakṣa-yajña-vināśinyai namaḥ
...die das von Dakṣa durchgeführte Opferritual zerstörte.

601. Om darāndolita-dīrghākṣyai namaḥ
...die lange, bebend-funkelnde Augen hat.

Om, wir verbeugen uns vor Śrī Lalitā,

602. Om dara-hāsojjvalan-mukhyai namaḥ
...deren Gesicht durch ein Lächeln erstrahlt.

603. Om guru-mūrtaye namaḥ
...die eine strenge Form angenommen hat, die Form des Gurus.

604. Om guṇa-nidhaye namaḥ
...die Schatzkammer aller guten Eigenschaften.

605. Om go-mātre namaḥ
...die zu Surabhī wurde, der Wunsch erfüllenden Kuh.

606. Om guha-janma-bhuve namaḥ
...die Mutter von Guha (Subrahmanya).

607. Om deveśyai namaḥ
...die Beschützerin der Götter.

608. Om daṇḍa-nītisthāyai namaḥ
...die ohne Irrtum die Prinzipien der Gerechtigkeit aufrechterhält.

609. Om daharākāśa-rūpiṇyai namaḥ
...die das subtile Selbst in allen Herzen ist.

610. Om pratipan-mukhya-rākānta-tithi-maṇḍala-pūjitāyai namaḥ
...die täglich verehrt wird, beginnend von Pratipad (ersten Tag des lunaren Halbmonats) bis zum Vollmond.

611. Om kalātmikāyai namaḥ
...die in Form der Kalās (Mondphasen) erscheint.

612. Om kalā-nāthāyai namaḥ
...die Gebieterin aller Kalās.

613. Om kāvyālāpa-vinodinyai namaḥ
...die sich an vorgetragener Poesie erfreut.

614. Om sacāmara-ramā-vāṇī-savya-dakṣiṇa-sevitāyai namaḥ
...die von Lakshmi auf der linken Seite und Sarasvati auf der rechten Seite, mit zeremoniellen Fächern bedient wird.

615. Om ādiśaktyai namaḥ
...die Urkraft, die Ursache des Universums.

Om, wir verbeugen uns vor Śrī Lalitā,

616. Om ameyāyai namaḥ
...die in keiner Weise messbar ist.

617. Om ātmane namaḥ
...das Selbst in allem.

618. Om paramāyai namaḥ
...die Höchste.

619. Om pāvanākṛtaye namaḥ
...deren Form heilig ist.

620. Om aneka-koṭi-brahmāṇḍa-jananyai namaḥ
...die unzählige, Millionen Welten geschaffen hat.

621. Om divya-vigrahāyai namaḥ
...die einen göttlichen Körper besitzt.

622. Om klīṅkāryai namaḥ
...die Schöpferin der Silbe klīm.

623. Om kevalāyai namaḥ
...die Absolute, vollständig, unabhängig und ohne Eigenschaften.

624. Om guhyāyai namaḥ
...die im Verborgenen Erkennbare.

625. Om kaivalya-pada-dāyinyai namaḥ
...die Befreiung schenkt.

626. Om tripurāyai namaḥ
...die älter als die Dreiheit (Dreifaltigkeit) ist.

627. Om trijagad-vandyāyai namaḥ
...die von den Bewohnern aller drei Welten verehrt wird.

628. Om tri-mūrtyai namaḥ
...die das Zusammenwirken der Dreiheit ist (Brahmā, Viṣṇu und Śiva).

629. Om tridaśeśvaryai namaḥ
...die über die Götter herrscht.

Om, wir verbeugen uns vor Śrī Lalitā,

630. Om tryakṣaryai namaḥ
...deren Form aus drei Buchstaben oder Silben besteht.

631. Om divya-gandhāḍhyāyai namaḥ
...die reichlich mit göttlichem Duft versehen ist.

632. Om sindūra-tilakāñcitāyai namaḥ
...deren Stirn mit einem zinnoberroten Punkt erstrahlt.

633. Om umāyai namaḥ
...die Göttin Pārvati.

634. Om śailendra-tanayāyai namaḥ
...die Tochter von Himavat, dem König der Berge.

635. Om gauryai namaḥ
...die eine helle Hautfarbe hat.

636. Om gandharva-sevitāyai namaḥ
...die von den Gandharvas bedient wird.

637. Om viśva-garbhāyai namaḥ
...die das ganze Universum in Ihrem Leib trägt.

638. Om svarṇa-garbhāyai namaḥ
...die Quelle des Universums.

639. Om avaradāyai namaḥ
...die die unseligen Bösen (Dämonen) besiegt.

640. Om vāg-adhīśvaryai namaḥ
...der die Sprache untersteht.

641. Om dhyāna-gamyāyai namaḥ
...die durch Meditation zu erreichen ist.

642. Om apari-cchedyāyai namaḥ
...deren Begrenzungen nicht feststellbar sind.

643. Om jñānadāyai namaḥ
...die (höchstes) Wissen über das Selbst verleiht.

Om, wir verbeugen uns vor Śrī Lalitā,

644. Om jñāna-vigrahāyai namaḥ
...die Verkörperung des höchsten Wissens.

645. Om sarva-vedānta-saṁvedyāyai namaḥ
...die in allen Veden beschrieben wird.

646. Om satyānanda-svarūpiṇyai namaḥ
...deren Natur Sein (Existenz) und Glückseligkeit ist.

647. Om lopāmudrārcitāyai namaḥ
...die von Lopāmudrā, der Gemahlin des weisen Agastya, verehrt wird.

648. Om līlā-klṛpta-brahmāṇḍa-maṇḍalāyai namaḥ
...die als Zeitvertreib, das Weltall erschuf und erhält.

649. Om adṛśyāyai namaḥ
...die mit den Sinnesorganen nicht wahrgenommen werden kann.

650. Om dṛśya-rahitāyai namaḥ
...für die es nichts zu sehen gibt.

651. Om vijñātryai namaḥ
...die die Wahrheit des physischen Universums kennt.

652. Om vedya-varjitāyai namaḥ
...deren Wissen vollkommen ist.

653. Om yoginyai namaḥ
...die ewig mit Paraśiva vereint ist; der die Macht des Yogas besitzt.

654. Om yogadāyai namaḥ
...die das Yoga mit Ihrer Kraft erfüllt.

655. Om yogyāyai namaḥ
...die alle Yoga Arten gewährt.

656. Om yogānandāyai namaḥ
...die Glückseligkeit, die durch Yoga erlangt wird, die sich der Glückseligkeit von Yoga erfreut.

657. Om yugandharāyai namaḥ
...die die Bürde der Yugas trägt.

Om, wir verbeugen uns vor Śrī Lalitā,

658. Om icchā-śakti-jñāna-śakti-kriyā-śakti-svarūpiṇyai namaḥ
...die als Willens-, Weisheits- und Tatkraft besteht.

659. Om sarvādhārāyai namaḥ
...auf der alles ruht, die alles trägt.

660. Om supratiṣṭhāyai namaḥ
...die fest verankert ist.

661. Om sad-asad-rūpa-dhāriṇyai namaḥ
...die sowohl die Formen von Sein und Nichtsein (sad und asad) annimmt.

662. Om aṣṭa-mūrtyai namaḥ
...die acht Formen hat.

663. Om ajā-jaitryai namaḥ
...die Unwissenheit besiegt.

664. Om loka-yātrā-vidhāyinyai namaḥ
...die den Lauf der Welten lenkt.

665. Om ekākinyai namaḥ
...die Alleinige.

666. Om bhūma-rūpāyai namaḥ
...die Gesamtheit aller existierenden Dinge.

667. Om nir-dvaitāyai namaḥ
...die keinen Sinn von Dualität hat.

668. Om dvaita-varjitāyai namaḥ
...die jenseits jeglicher Dualität weilt.

669. Om annadāyai namaḥ
...die allem Lebendigen Nahrung spendet.

670. Om vasudāyai namaḥ
...die Reichtum verschenkt.

671. Om vṛddhāyai namaḥ
...die Uralte.

Om, wir verbeugen uns vor Śrī Lalitā,

672. Om brahmātmaikya-svarūpiṇyai namaḥ
...deren Wesen die Vereinigung von Brahman und Ātman ist.

673. Om bṛhatyai namaḥ
...die immens ist.

674. Om brāhmaṇyai namaḥ
...die überwiegend sattvisch ist.

675. Om brāhmyai namaḥ
...die über die Sprache regiert.

676. Om brahmānandāyai namaḥ
...die ewig in der Glückseligkeit von Brahman versunken ist.

677. Om bali-priyāyai namaḥ
...die Opfergaben besonders schätzt.

678. Om bhāṣā-rūpāyai namaḥ
...die in Form der Sprache besteht.

679. Om bṛhat-senāyai namaḥ
...die über eine riesige Armee verfügt.

680. Om bhāvābhāva-vivarjitāyai namaḥ
...die jenseits von Sein und Nicht-Sein besteht.

681. Om sukhārādhyāyai namaḥ
...die leicht zu verehren ist.

682. Om śubha-karyai namaḥ
...die Gutes tut.

683. Om śobhanā-sulabhā-gatyai namaḥ
...die über einen hellen und leichten Weg erreichbar ist.

684. Om rāja-rājeśvaryai namaḥ
...die über Könige und Kaiser herrscht.

685. Om rājya-dāyinyai namaḥ
...die Herrschaft verleiht.

Om, wir verbeugen uns vor Śrī Lalitā,

686. Om rājya-vallabhāyai namaḥ
...die alle Herrschaftsbereiche beschützt.

687. Om rājat-kṛpāyai namaḥ
...die tiefes Mitgefühl zeigt, das jeden in Ihren Bann zieht.

688. Om rāja-pīṭha-niveśita-nijāśritāyai namaḥ
...die alle, die bei Ihr Zuflucht suchen, auf königliche Throne erhebt.

689. Om rājya-lakṣmyai namaḥ
...die den Wohlstand der Welt verkörpert.

690. Om kośa-nāthāyai namaḥ
...die Herrin der Schatzkammer ist.

691. Om catur-aṅga-baleśvaryai namaḥ
...die Streitkräfte von vier Arten anführt.

692. Om sāmrājya-dāyinyai namaḥ
...die kaiserliche Hoheit verleiht.

693. Om satya-sandhāyai namaḥ
...die der Wahrheit verpflichtet ist und sie aufrechterhält.

694. Om sāgara-mekhalāyai namaḥ
...die Meerumschlungene.

695. Om dīkṣitāyai namaḥ
...die unter einem Gelübde steht.

696. Om daitya-śamanyai namaḥ
...die Dämonen, die üblen Kräfte, vernichtet.

697. Om sarva-loka-vaśaṅkaryai namaḥ
...die alle Welten unter Ihrer Kontrolle hält.

698. Om sarvārtha-dātryai namaḥ
...die alle Wünsche erfüllt.

699. Om sāvitryai namaḥ
...die schöpferische Kraft im Universum.

Om, wir verbeugen uns vor Śrī Lalitā,

700. Om sac-cid-ānanda-rūpiṇyai namaḥ
...deren Wesen aus Sein, Bewusstsein und Glückseligkeit besteht.

701. Om deśa-kālāparicchinnāyai namaḥ
...die nicht von Zeit und Raum begrenzt wird oder gemessen werden kann.

702. Om sarvagāyai namaḥ
...die Allgegenwärtige; die alle Welten und Wesen durchdringt.

703. Om sarva-mohinyai namaḥ
...die alle täuscht.

704. Om sarasvatyai namaḥ
...die Sarasvatī, die Göttin des Wissens ist.

705. Om śāstramayyai namaḥ
...die in Gestalt der Schriften erscheint; deren Glieder die Schriften sind.

706. Om guhāmbāyai namaḥ
...die Mutter von Subrahmanya; die in der inneren Höhle der Herzen wohnt.

707. Om guhya-rūpiṇyai namaḥ
...die eine geheime Gestalt hat.

708. Om sarvopādhi-vinirmuktāyai namaḥ
...die frei von allen Beschränkungen ist.

709. Om sadāśiva-pativratāyai namaḥ
...die ergebene Gattin Sadāśivas.

710. Om sampradāyeśvaryai namaḥ
...die Hüterin der geheimen Traditionen.

711. Om sādhune namaḥ
...die Gleichmütige.

712. Om yai namaḥ
...die der Buchstabe ‚I' ist.

713. Om guru-maṇḍala-rūpiṇyai namaḥ
...die in sich den Stammbaum der Gurus verkörpert.

Om, wir verbeugen uns vor Śrī Lalitā,

714. Om kulottīrṇāyai namaḥ
...die alle Sinne transzendiert.

715. Om bhagārādhyāyai namaḥ
...die in der Sonnenscheibe verehrt wird.

716. Om māyāyai namaḥ
...die Illusion (Maya).

717. Om madhumatyai namaḥ
...deren Wesen so süß wie Honig ist.

718. Om mahyai namaḥ
...die Göttin Erde.

719. Om gaṇāmbāyai namaḥ
...die Mutter von Śivas Dienern.

720. Om guhyakārādhyāyai namaḥ
...die von den Guhyakas (Art der Halbgötter) verehrt wird.

721. Om komalāṅgyai namaḥ
...die wunderschöne Glieder hat.

722. Om guru-priyāyai namaḥ
...die von den Gurus geliebt wird.

723. Om svatantrāyai namaḥ
...die frei von allen Einschränkungen ist.

724. Om sarva-tantreśyai namaḥ
...die Göttin aller Tantras.

725. Om dakṣiṇā-mūrti-rūpiṇyai namaḥ
...die in der Gestalt von Dakṣināmūrti (Śiva, dem ersten Guru) existiert.

726. Om sanakādi-samārādhyāyai namaḥ
...die von Sanaka und anderen Weisen verehrt wird.

727. Om śiva-jñāna-pradāyinyai namaḥ
...die das Wissen von Śivas gewährt.

Om, wir verbeugen uns vor Śrī Lalitā,

728. Om cit-kalāyai namaḥ
...die das Bewusstsein in Brahman ist.

729. Om ānanda-kalikāyai namaḥ
...die Knospe der Glückseligkeit.

730. Om prema-rūpāyai namaḥ
...die reine Liebe ist.

731. Om priyaṅkaryai namaḥ
...die Ihren Devotees alles gewährt, was ihnen lieb ist.

732. Om nāma-pārāyaṇa-prītāyai namaḥ
...die sich an der Wiederholung Ihrer Namen erfreut.

733. Om nandi-vidyāyai namaḥ
...die durch Nandis Mantra verehrt wird.

734. Om naṭeśvaryai namaḥ
...die Gefährtin von Naṭeśva (Śiva der Herr des Tanzes).

735. Om mithyā-jagad-adhiṣṭhānāyai namaḥ
...die Grundlage des illusorischen Universums.

736. Om mukti-dāyai namaḥ
...die Befreiung schenkt.

737. Om mukti-rūpiṇyai namaḥ
...die in Gestalt der Befreiung erscheint.

738. Om lāsya-priyāyai namaḥ
...die den Lāsya-Tanz liebt.

739. Om laya-karyai namaḥ
...die völlige Versenkung bewirkt.

740. Om lajjāyai namaḥ
...die als Bescheidenheit in allen Lebewesen existiert.

741. Om rambhādi-vanditāyai namaḥ
...die von himmlischen Jungfrauen wie Rambhā verehrt wird.

Om, wir verbeugen uns vor Śrī Lalitā,

742. Om bhava-dāva-sudhā-vṛṣṭyai namaḥ
...die der Regen von Nektar ist, der auf den Waldbrand der weltlichen Existenz fällt.

743. Om pāpāraṇya-davānalāyai namaḥ
...die wie ein wildes Feuer den Wald der Sünden befällt.

744. Om daurbhāgya-tūla-vātūlāyai namaḥ
...die der Sturm ist, der die Baumwoll-Fäden des Unglücks davonträgt.

745. Om jarā-dhvānta-ravi-prabhāyai namaḥ
...die das Sonnenlicht ist, das die Dunkelheit des Alters zerstreut.

746. Om bhāgyābdhi-candrikāyai namaḥ
...die der Vollmond im Ozean des Glücks ist.

747. Om bhakta-citta-keki-ghanāghanāyai namaḥ
...die wie die Wolke den Pfau entzückt, die Herzen Ihrer Devotees tanzen lässt.

748. Om roga-parvata-dambholaye namaḥ
...die der rollende Donner ist, der den Berg der Krankheit erschüttert.

749. Om mṛtyu-dāru-kuṭhārikāyai namaḥ
...die die Axt ist, die den Baum des Todes fällt.

750. Om maheśvaryai namaḥ
...die höchste Göttin.

751. Om mahā-kālyai namaḥ
...die große Kālī.

752. Om mahā-grāsāyai namaḥ
...die alles verschlingt, die große Verzehrende.

753. Om mahāśanāyai namaḥ
...die alles verzehrt, was Größe hat.

754. Om aparṇāyai namaḥ
...die keine Schulden hat.

755. Om caṇḍikāyai namaḥ
...die ärgerlich ist (auf die Übeltäter).

Om, wir verbeugen uns vor Śrī Lalitā,

756. Om caṇḍa-muṇḍāsura-niṣūdinyai namaḥ
...die Chaṇḍa, Muṇḍa und andere Āsuras tötete.

757. Om kṣarākṣarātmikāyai namaḥ
...die in beiden Formen des Ātman erscheint, des vergänglichen als auch des unvergänglichen.

758. Om sarva-lokeśyai namaḥ
...die über alle Welten herrscht.

759. Om viśva-dhāriṇyai namaḥ
...die das ganze Universum erhält.

760. Om tri-varga-dātryai namaḥ
...die, die drei Lebensziele verleiht.

761. Om subhagāyai namaḥ
...der Sitz von jeglichem Wohlstand.

762. Om tryambakāyai namaḥ
...die drei Augen hat.

763. Om triguṇātmikāyai namaḥ
...die Quintessenz der drei Guṇas.

764. Om svargāpavargadāyai namaḥ
...die Himmel und Befreiung schenkt.

765. Om śuddhāyai namaḥ
...die Reinste.

766. Om japā-puṣpa-nibhākṛtyai namaḥ
...deren Körper wie eine Hibiskusblüte anmutet.

767. Om ojovatyai namaḥ
...die voller Lebenskraft vibriert.

768. Om dyuti-dharāyai namaḥ
...die voller Licht und Glanz erstrahlt, die eine Lichtaura hat.

Om, wir verbeugen uns vor Śrī Lalitā,

769. Om yajña-rūpāyai namaḥ
...die in des Opfers Form ist.

770. Om priya-vratāyai namaḥ
...die Gelübde erfreuen.

771. Om durārādhyāyai namaḥ
...die schwer zu verehren ist.

772. Om durādharṣāyai namaḥ
...die schwer zu kontrollieren ist.

773. Om pāṭalī-kusuma-priyāyai namaḥ
...die die blassrote Pāṭalī-Kusuma (Trompetenblume) liebt.

774. Om mahatyai namaḥ
...die Großartige.

775. Om meru-nilayāyai namaḥ
...die auf dem Berge Meru wohnt.

776. Om mandāra-kusuma-priyāyai namaḥ
...die Mandāra-Blüten liebt.

777. Om vīrārādhyāyai namaḥ
...die von Helden verehrt wird.

778. Om virāḍ-rūpāyai namaḥ
...die das kosmische Ganze verkörpert.

779. Om virajase namaḥ
...die ohne Rajas ist.

780. Om viśvato-mukhyai namaḥ
...die in alle Richtungen blickt.

781. Om pratyag-rūpāyai namaḥ
...die das innewohnende Selbst ist.

782. Om parākāśāyai namaḥ
...die der transzendente Äther ist.

Om, wir verbeugen uns vor Śrī Lalitā,

783. Om prāṇadāyai namaḥ
...die Lebensspenderin.

784. Om prāṇa-rūpiṇyai namaḥ
...die Lebensenergie.

785. Om mārtāṇḍa-bhairavārādhyāyai namaḥ
...die von Mārtaṇḍabhairava verehrt wird.

786. Om mantriṇī-nyasta-rājya-dhure namaḥ
...die Ihre königliche Pflichten Ihren Mantriṇīs (Ministerinnen) anvertraut hat.

787. Om tripureśyai namaḥ
...die Göttin von Tripura.

788. Om jayat-senāyai namaḥ
...die über ein Heer verfügt, das nur den Sieg gewohnt ist.

789. Om nistraiguṇyāyai namaḥ
...die frei von den drei Guṇas ist.

790. Om parāparāyai namaḥ
...die sowohl Para (Absolute) als auch Apara (Relative) darstellt.

791. Om satya-jñānānanda-rūpāyai namaḥ
...die Wahrheit, Wissen und Glückseligkeit ist.

792. Om sāmarasya-parāyaṇāyai namaḥ
...die in einem Zustand beständiger Weisheit verweilt.

793. Om kapardinyai namaḥ
...Śivas (mit dem verfilzten Haar) Gefährtin.

794. Om kalā-mālāyai namaḥ
...die alle 64 Künste als Girlande trägt.

795. Om kāma-dhuge namaḥ
...die alle Wünsche erfüllt.

796. Om kāma-rūpiṇyai namaḥ
...die eine begehrenswerte Gestalt aufweist.

Om, wir verbeugen uns vor Śrī Lalitā,

797. Om kalā-nidhaye namaḥ
...die Schatzkammer aller Künste.

798. Om kāvya-kalāyai namaḥ
...die die Poesie ist.

799. Om rasa-jñāyai namaḥ
...die alle Rasas (Empfindungen) kennt.

800. Om rasa-śevadhaye namaḥ
...die Schatzkammer der Rasas (Glückseligkeit des Brahmans).

801. Om puṣṭāyai namaḥ
...die immer voller Lebenskraft, Nahrung ist.

802. Om purātanāyai namaḥ
...die uralt ist.

803. Om pūjyāyai namaḥ
...die würdig ist, von allen verehrt zu werden.

804. Om puṣkarāyai namaḥ
...die vollständig ist; die allen Nahrung gibt.

805. Om puṣkarekṣaṇāyai namaḥ
...deren Augen Lotusblütenblättern gleichen.

806. Om parasmai-jyotiṣe namaḥ
...die das höchste Licht verkörpert.

807. Om parasmai-dhāmne namaḥ
...die höchste Wohnstätte.

808. Om paramāṇave namaḥ
...die das subtilste Teilchen ist.

809. Om parāt-parāyai namaḥ
...die Erhabenste der Erhabenen.

810. Om pāśa-hastāyai namaḥ
...die eine Schlinge in der Hand hält.

Om, wir verbeugen uns vor Śrī Lalitā,

811. Om pāśa-hantryai namaḥ
...die alle Fesseln zerstört.

812. Om para-mantra-vibhedinyai namaḥ
...die den Bann der bösartigen Mantras der Feinde bricht.

813. Om mūrtāyai namaḥ
...die in Formen erscheint.

814. Om amūrtāyai namaḥ
...die keine bestimmte Form hat.

815. Om anitya-tṛptāyai namaḥ
...die selbst durch unsere vergänglichen Gaben zufriedengestellt werden kann.

816. Om muni-mānasa-haṁsikāyai namaḥ
...die der Schwan des Mānasarovar-Sees ist, der Mind der Weisen.

817. Om satya-vratāyai namaḥ
...die fest in der Wahrheit verankert ist.

818. Om satya-rūpāyai namaḥ
...die Verkörperung der Wahrheit.

819. Om sarvāntar-yāmiṇyai namaḥ
...die allem innewohnt.

820. Om satyai namaḥ
...die Wirklichkeit, das ewige Sein.

821. Om brahmāṇyai namaḥ
...die der Schweif, Brahman, die Stütze von allem ist.

822. Om brahmaṇe namaḥ
...die Brahman ist.

823. Om jananyai namaḥ
...die Mutter.

824. Om bahu-rūpāyai namaḥ
...die eine Vielzahl von Formen angenommen hat.

Om, wir verbeugen uns vor Śrī Lalitā,

825. Om budhārcitāyai namaḥ
...die von den Weisen verehrt wird.

826. Om prasavitryai namaḥ
...die Mutter des Universums; Weltalls.

827. Om pracaṇḍāyai namaḥ
...deren Zorn Ehrfurcht erweckt.

828. Om ājñāyai namaḥ
...die das göttliche Gebot repräsentiert.

829. Om pratiṣṭhāyai namaḥ
...die Grundlage von allem.

830. Om prakaṭākṛtyai namaḥ
...die sich in Form des Weltalls manifestiert.

831. Om prāṇeśvaryai namaḥ
...die über die fünf Prānas (Lebenskräfte) und die Sinne herrscht.

832. Om prāṇa-dātryai namaḥ
...die Leben spendet.

833. Om pañcāśat-pīṭha-rūpiṇyai namaḥ
...die fünfzig Zentren ritueller Verehrung aufweist.

834. Om viśṛṅkhalāyai namaḥ
...die ungebunden und in jeder Hinsicht frei ist.

835. Om viviktasthāyai namaḥ
...die an abgelegenen Orten wohnt.

836. Om vīra-mātre namaḥ
...Mutter der Mutigen; Mutter für den Besten unter den Devotees.

837. Om viyat-prasuve namaḥ
...Mutter des Äthers.

838. Om mukundāyai namaḥ
...die Befreiung gibt.

Om, wir verbeugen uns vor Śrī Lalitā,

839. Om mukti-nilayāyai namaḥ
...die der Sitz der Erlösung ist.

840. Om mūla-vigraha-rūpiṇyai namaḥ
...die Wurzel von allem.

841. Om bhāva-jñāyai namaḥ
...die alle Gedanken und Gefühle kennt.

842. Om bhava-roga-ghnyai namaḥ
...die alle Krankheiten desGeburts- und Todeskreislaufs auflöst.

843. Om bhava-Chakra-pravartinyai namaḥ
...die das Rad des Geburts- und Todeskreislaufs dreht.

844. Om chandaḥ-sārāyai namaḥ
...die die Essenz aller Veden ist.

845. Om śāstra-sārāyai namaḥ
...die Essenz aller Schriften.

846. Om mantra-sārāyai namaḥ
...die Essenz aller Mantras.

847. Om talodaryai namaḥ
...die mit einer schlanken Taille.

848. Om udāra-kīrtaye namaḥ
...deren Ruhm grenzenlos ist.

849. Om uddāma-vaibhavāyai namaḥ
...deren Macht unbegrenzt ist.

850. Om varṇa-rūpiṇyai namaḥ
...die in der Form der Buchstaben des Alphabets erscheint.

851. Om janma-mṛtyu-jarā-tapta-jana-viśrānti-dāyinyai namaḥ
...die all denen, die von Geburt, Tod und Alter heimgesucht sind, Frieden und Ruhe schenkt.

852. Om sarvopaniṣad-udghuṣṭāyai namaḥ
...die von allen Upanischaden gepriesen wird.

Om, wir verbeugen uns vor Śrī Lalitā,

853. Om śāntyatīta-kalātmikāyai namaḥ
...die den Zustand des Friedens transzendiert.

854. Om gambhīrāyai namaḥ
...die Unergründliche.

855. Om gaganāntaḥsthāyai namaḥ
...die im Äther, im Raum residiert.

856. Om garvitāyai namaḥ
...die Stolze; (die der Stolz Śivas ist).

857. Om gāna-lolupāyai namaḥ
...die von Musik entzückt ist.

858. Om kalpanā-rahitāyai namaḥ
...die frei von eingebildeten Eigenschaften ist.

859. Om kāṣṭhāyai namaḥ
...die im höchsten Zustand verweilt (jenseits dessen es nichts gibt).

860. Om akāntāyai namaḥ
...die alle Sünden und Sorgen beendet.

861. Om kāntārdha-vigrahāyai namaḥ
...die andere Körperhälfte Ihres Gemahles.

862. Om kārya-kāraṇa-nirmuktāyai namaḥ
...die dem Gesetz von Ursache und Wirkung nicht unterliegt.

863. Om kāma-keli-taraṅgitāyai namaḥ
...die in Vereinigung mit Kameshvara mit Freude überfließt.

864. Om kanat-kanaka-tāṭaṅkāyai namaḥ
...die glitzernden goldenen Ohrschmuck trägt.

865. Om līlā-vigraha-dhāriṇyai namaḥ
...die für Ihr (kosmisches) Spiel ganz unterschiedliche Formen annimmt.

866. Om ajāyai namaḥ
...die ohne Geburt.

Om, wir verbeugen uns vor Śrī Lalitā,

867. Om kṣaya-vinirmuktāyai namaḥ
...für die es keinen Verfall gibt.

868. Om mugdhāyai namaḥ
...die durch Ihre Schönheit bezaubert.

869. Om kṣipra-prasādinyai namaḥ
...die schnell zufrieden ist.

870. Om antar-mukha-samārādhyāyai namaḥ
...die man innerlich mental verehren soll.

871. Om bahir-mukha-sudurlabhāyai namaḥ
...die schwer zu erreichen ist von jenen, deren Aufmerksamkeit nach außen gerichtet ist.

872. Om trayyai namaḥ
...die drei Veden.

873. Om trivarga-nilayāyai namaḥ
...die Heimstätte für das dreifache Ziel des menschlichen Lebens.

874. Om tristhāyai namaḥ
...die in den drei Welten wohnt.

875. Om tripura-mālinyai namaḥ
...die Tripuramālini, die Göttin im Śri-Chakra.

876. Om nir-āmayāyai namaḥ
...die frei von allen Krankheiten des Lebens ist.

877. Om nir-ālambāyai namaḥ
...die von nichts abhängig ist.

878. Om svātmārāmāyai namaḥ
...die sich an Ihrem eigenen Selbst erfreut.

879. Om sudhāsṛtyai namaḥ
...die Quelle des Nektars.

880. Om saṁsāra-paṅka-nirmagna-samuddharaṇa-paṇḍitāyai namaḥ
...die darin geübt ist, diejenigen aufzurichten, die im Schlamm des transmigrativen Lebens versunken sind.

Om, wir verbeugen uns vor Śrī Lalitā,

881. Om yajña-priyāyai namaḥ
...die von darbringenden Handlungen und Ritualen angetan ist.

882. Om yajña-kartryai namaḥ
...die Opferriten vollzieht.

883. Om yajamāna-svarūpiṇyai namaḥ
...die die Form von Yajamāna annimmt, die Opferriten leitet.

884. Om dharmādhārāyai namaḥ
...die Stütze des Dharmas (Kodex für rechtschaffenes Leben).

885. Om dhanādhyakṣāyai namaḥ
...die allen Reichtum beaufsichtigt.

886. Om dhana-dhānya-vivardhinyai namaḥ
...die den Reichtum und die Ernten vermehrt.

887. Om vipra-priyāyai namaḥ
...die den Gelehrten wohlgesonnen ist.

888. Om vipra-rūpāyai namaḥ
...die in der Form des Kenners des Selbst erscheint.

889. Om viśva-bhramaṇa-kāriṇyai namaḥ
...die das Universum durch Ihre illusorische Kraft kreisen lässt.

890. Om viśva-grāsāyai namaḥ
...die das Universum verschlingt.

891. Om vidrumābhāyai namaḥ
...die Korallen gleich schimmert (mit Ihrer roten Hautfarbe).

892. Om vaiṣṇavyai namaḥ
...die in der Gestalt Viṣṇus erscheint.

893. Om viṣṇu-rūpiṇyai namaḥ
...die sich durch eine über das ganze Universum erstreckenden Form offenbart.

894. Om ayonyai namaḥ
...die ohne Ursprung.

Om, wir verbeugen uns vor Śrī Lalitā,

895. Om yoni-nilayāyai namaḥ
...die Quelle aller Ursprünge.

896. Om kūṭasthāyai namaḥ
...die unverändert wie ein Amboss bleibt.

897. Om kula-rūpiṇyai namaḥ
...die Gottheit des Kaula-Pfades.

898. Om vīra-goṣṭhī-priyāyai namaḥ
...die der Versammlung von Kriegern zugetan ist.

899. Om vīrāyai namaḥ
...die Heldenhafte.

900. Om naiṣkarmyāyai namaḥ
...die sich Handlungen enthält, (die das Handeln transzendiert).

901. Om nāda-rūpiṇyai namaḥ
...die in der Form des Urklanges schwingt.

902. Om vijñāna-kalanāyai namaḥ
...die das Wissen von Brahman verwirklicht.

903. Om kalyāyai namaḥ
...die zur Schöpfung fähig ist.

904. Om vidagdhāyai namaḥ
...die in Allem eine weise Expertin ist.

905. Om baindavāsanāyai namaḥ
...die im Baindava-Chakra (Ajna) wohnt.

906. Om tattvādhikāyai namaḥ
...die alle kosmischen Kategorien transzendiert.

907. Om tattva-mayyai namaḥ
...die Śiva selbst ist, die Wirklichkeit.

908. Om tat-tvam-artha-svarūpiṇyai namaḥ
...die Sinn und Wesen von ‚Tat' und ‚Tvam' (‚Das' und ‚du') ist.

Om, wir verbeugen uns vor Śrī Lalitā,

909. Om sāma-gāna-priyāyai namaḥ
...die das Rezitieren der Sāmaveda liebt.

910. Om somyāyai namaḥ
...die von Natur aus gütig und sanft ist; von kühler, sanfter Natur, wie der Mond.

911. Om sadāśiva-kuṭumbinyai namaḥ
...die Ehefrau von Sadāśiva dem immer-gnädigen Śiva.

912. Om savyāpasavya-mārgasthāyai namaḥ
...die sowohl über den linken, wie auch den rechten Pfad der Verehrung erreicht wird.

913. Om sarvāpad-vinivāriṇyai namaḥ
...die alle Gefahren beseitigt.

914. Om svasthāyai namaḥ
...die in sich selber ruht; frei von jeglichem Leid.

915. Om svabhāva-madhurāyai namaḥ
...deren innewohnende Natur voller Süße ist.

916. Om dhīrāyai namaḥ
...die Weise; die Weisheit schenkt.

917. Om dhīra-samarcitāyai namaḥ
...die von den Weisen verehrt wird.

918. Om caitanyārghya-samārādhyāyai namaḥ
...die mit Bewusstsein als Gabe verehrt wird.

919. Om caitanya-kusuma-priyāyai namaḥ
...die der Blume des Bewusstseins zugetan ist.

920. Om sadoditāyai namaḥ
...die immerzu leuchtet.

921. Om sadā-tuṣṭāyai namaḥ
...die ewig Zufriedene.

922. Om taruṇāditya-pāṭalāyai namaḥ
...die hellrot erscheint, wie die Morgensonne.

Om, wir verbeugen uns vor Śrī Lalitā,

923. Om dakṣiṇādakṣiṇārādhyāyai namaḥ
...die sowohl von Rechts- wie Linkshändigen verehrt wird.

924. Om dara-smera-mukhāmbujāyai namaḥ
...deren lotusförmiges Gesicht ein süßes Lächeln zeigt.

925. Om kaulinī-kevalāyai namaḥ
...die von denen, die dem Kaula-Pfad folgen, als reines Bewusstsein verehrt wird.

926. Om anarghya-kaivalya-pada-dāyinyai namaḥ
...die den unschätzbaren Zustand der endgültigen Befreiung gewährt.

927. Om stotra-priyāyai namaḥ
...die gern Hymnen zu Ihrem Lob hört.

928. Om stuti-matyai namaḥ
...die das Objekt, die Essenz aller Lobpreisungen ist.

929. Om śruti-saṁstuta-vaibhavāyai namaḥ
...deren Ruhm in den Veden gepriesen wird.

930. Om manasvinyai namaḥ
...die für Ihren Mind Wohlbekannte.

931. Om mānavatyai namaḥ
...die einen edlen, feinen Sinn hat; die großen Ruhm genießt.

932. Om maheśyai namaḥ
...Śivas geliebte Gattin.

933. Om maṅgalākṛtaye namaḥ
...die eine glückverheißende Form aufweist.

934. Om viśva-mātre namaḥ
...die Mutter der Schöpfung.

935. Om jagad-dhātryai namaḥ
...die Mutter, welche die Welt beschützt und erhält.

936. Om viśālākṣyai namaḥ
...die große Augen hat.

Om, wir verbeugen uns vor Śrī Lalitā,

937. Om virāgiṇyai namaḥ
...die leidenschaftslos ist.

938. Om pragalbhāyai namaḥ
...die geschickt und zuversichtlich ist.

939. Om paramodārāyai namaḥ
...die außerordentlich Großzügige.

940. Om parā-modāyai namaḥ
...die höchst freudvoll ist.

941. Om manomayyai namaḥ
...die sich in der Form vom Mind wiederfindet.

942. Om vyoma-keśyai namaḥ
...deren Haare den Himmel bilden.

943. Om vimānasthāyai namaḥ
...die auf Ihrem himmlischen Wagen thront.

944. Om vajriṇyai namaḥ
...die Indras Gemahlin ist.

945. Om vāmakeśvaryai namaḥ
...die führende Gottheit des Vāmakeśvara-Tantra.

946. Om pañca-yajña-priyāyai namaḥ
...die den fünf Darbringungsformen zugetan ist.

947. Om pañca-preta-mañcādhi-śāyinyai namaḥ
...die sich auf einer Couch aus fünf Toten ausruht.

948. Om pañcamyai namaḥ
...die Fünfte.

949. Om pañca-bhūteśyai namaḥ
...die Göttin der fünf Elemente.

950. Om pañca-saṅkhyopacāriṇyai namaḥ
...die mit fünf rituellen Objekten verehrt wird.

Om, wir verbeugen uns vor Śrī Lalitā,

951. Om śāśvatyai namaḥ

...die ewig besteht.

952. Om śāśvataiśvaryāyai namaḥ

...die immerwährende Souveränität innehält.

953. Om śarmadāyai namaḥ

...die Glück beschert.

954. Om śambhu-mohinyai namaḥ

...die Śiva betört.

955. Om dharāyai namaḥ

...die Mutter Erde.

956. Om dhara-sutāyai namaḥ

...Pārvati, die Tochter von Dhara (Himavat).

957. Om dhanyāyai namaḥ

...die großen Reichtum besitzt; die äußerst Gesegnete.

958. Om dharmiṇyai namaḥ
...die Rechtschaffende.

959. Om dharma-vardhinyai namaḥ
...die Rechtschaffenheit fördert.

960. Om lokātītāyai namaḥ
...die alle Welten transzendiert.

961. Om guṇātītāyai namaḥ
...die jenseits der Gunas existiert.

962. Om sarvātītāyai namaḥ
...die alles transzendiert.

963. Om śamātmikāyai namaḥ
...deren Natur, Friede und Glückseligkeit verkörpert.

964. Om bandhūka-kusuma-prakhyāyai namaḥ
...die in Schönheit und Anmut der Bandhūka-Blüte gleicht.

Om, wir verbeugen uns vor Śrī Lalitā,

965. Om bālāyai namaḥ

...die nie Ihr kindliches Wesen aufgibt.

966. Om līlā-vinodinyai namaḥ

...die sich am kosmischen Spiel entzückt.

967. Om sumaṅgalyai namaḥ

...die ewig Glückverheißende, die niemals zur Witwe wird.

968. Om sukha-karyai namaḥ

...die Glück bringt.

969. Om suveṣāḍhyāyai namaḥ

...die in Ihren schönen, reichen Gewändern und Ornamenten sehr anmutig erscheint.

970. Om suvāsinyai namaḥ

...die ewig segnungsvoll Verheiratete.

971. Om suvāsinyarchana-prītāyai namaḥ

...die sich erfreut, über die Verehrungen verheirateter Frauen.

972. Om āśobhanāyai nama

...die immerwährend strahlt.

973. Om śuddha-mānasāyai namaḥ

...die einen reinen Mind hat; die den Mind Ihrer Devotees reinigt.

974. Om bindu-tarpaṇa-santuṣṭāyai namaḥ

...die sich über Darbringungen an Bindu erfreut.

975. Om pūrva-jāyai namaḥ

...die allen voraus ist; die Erstgeborene.

976. Om tripurāmbikāyai namaḥ

...die Mutter der Tripuras (drei Städte).

977. Om daśa-mudrā-samārādhyāyai namaḥ

...die durch zehn Mudrās (rituelle Gesten) verehrt wird.

978. Om tripurāśrī-vaśaṅkaryai namaḥ

...die Tripurāśrī kontrolliert.

Om, wir verbeugen uns vor Śrī Lalitā,

979. Om jñāna-mudrāyai namaḥ
...die in der Form des Jñāna-Mudrās (Fingerhaltung der Weisheit) erscheint.

980. Om jñāna-gamyāyai namaḥ
...die durch das Yoga der Weisheit erreicht wird.

981. Om jñāna-jñeya-svarūpiṇyai namaḥ
...die sowohl Wissen als auch das Gewusste, das Erkennen als auch das Erkannte ist.

982. Om yoni-mudrāyai namaḥ
...die in der Form des Yoni-Mudrās (Fingerhaltung des Ursprungs) existiert.

983. Om trikhaṇḍeśyai namaḥ
...die Herrscherin des zehnten Mudrās, Trikhaṇḍā.

984. Om triguṇāyai namaḥ
...die mit den drei Guṇas (Sattva, Rajas und Tamas) versehen ist.

985. Om ambāyai namaḥ
...die Mutter aller Wesen, die Mutter des Universums.

986. Om trikoṇagāyai namaḥ
...die im Dreieck residiert.

987. Om anaghāyai namaḥ
...die ohne Sünden ist.

988. Om adbhuta-cāritrāyai namaḥ
...deren Taten wunderbar sind.

989. Om vāñchitārtha-pradāyinyai namaḥ
...die alle gewünschten Dinge gibt.

990. Om abhyāsātiśaya-jñātāyai namaḥ
...die nur durch intensive spirituelle Praxis und Disziplin erfahren wird.

991. Om ṣaḍadhvātīta-rūpiṇyai namaḥ
...deren Form die sechs Pfade transzendiert.

992. Om avyāja-karuṇā-mūrtaye namaḥ
...die Verkörperung des reinen Mitgefühls.

Om, wir verbeugen uns vor Śrī Lalitā,

993. Om ajñāna-dhvānta-dīpikāyai namaḥ
...die als helles Licht, die Dunkelheit der Unwissenheit vertreibt.

994. Om ābāla-gopa-viditāyai namaḥ
...die allen Wohlbekannte, selbst Kindern und Kuhhirten.

995. Om sarvānullaṅghya-śāsanāyai namaḥ
...deren Befehle niemand missachtet.

996. Om śrīcakra-rāja-nilayāyai namaḥ
...die im Śrīchakra, dem König der Chakren, verweilt.

997. Om śrīmat-tripura-sundaryai namaḥ
...die göttliche Tripurasundarī Devī.

998. Om śrī-śivāyai namaḥ
...die der glückverheißende und göttliche Shiva ist.

999. Om śiva-śaktyaikya-rūpiṇyai namaḥ
...die Vereinigung von Śiva und Śakti in einer Form.

1000. Om lalitāmbikāyai namaḥ

...Lalita, die göttliche Mutter, die Spielerische.

Mantrahīnam kriyāhīnam
bhaktihīnam maheśvari
yadpūjitam mayā devī
paripūrṇam tadastute

Oh Mutter, während dieser Verehrung von Dir, könnte ich einige Mantras überlesen haben, möglicherweise habe ich vergessen, einige Rituale durchzuführen, vielleicht habe ich es ohne die richtige Hingabe und Aufmerksamkeit getan. Bitte vergib mir meine Versäumnisse und Bitte vervollständige die Verehrung durch Deine göttliche Gnade.

Śrī Mahiṣāsuramardini Stotram

Eine Hymne an Sie, die den Büffeldämon besiegte

Ayi giri nandini nandita medini viśva vinodini nandanute
giri varavindya śirodhi nivāsini viṣṇu vilāsini jiṣṇunute
bhagavati he śitikaṇṭha kuṭumbini bhūri kuṭumbini bhūrikṛte
jaya jaya he mahiṣāsura-mardini ramyakapardini śailasute /1

Wir grüßen dich, oh Mutter! Du bist die größte Freude deines Vaters (des Himalaja), denn du hast das ganze Universum wie in einem Spiel erschaffen. Das Glück aller Wesen dieser Schöpfung bist du, die du in der luftigen Höhe des Vindhya-Gebirges lebst, du wirst selbst von Shivas Nandi (Shivas Vehikel) gepriesen. Vishnu erhält seine schöpferische Kraft von dir allein und selbst der große Gott Indra betet nur dich an. Für dich ist die ganze Welt eine Familie.

Mögest du immer siegreich sein, oh Bezwingerin des Büffeldämons, von Śiva geliebt, Tochter der Berge!

Suravara varṣiṇi durdhara dharṣiṇi durmukha marṣiṇi harṣarate
tribhuvana poṣiṇi śaṅkara toṣiṇi kalmaṣa moṣiṇi ghoṣarate
danu jani roṣiṇi ditisuta roṣiṇi durmada śoṣiṇi sindusute
jaya jaya he mahiṣāsura-mardini ramyakapardini śailasute /2

Oh Mutter! Du beschenkst alle Götter mit deiner Gunst. Der Riese Dhurdhara und der Bösewicht Durmukha wurden von dir bezwungen. Tief in unvergänglicher Glückseligkeit verankert und andere immer erfreuend, erhältst du die drei Welten. Du bist die Seligkeit des mächtigen Gottes Shiva. Das Kriegsgeschrei der Asuras wurde durch dich beendet, weil sie dich in Rage versetzten. Gegenüber den Übelgesinnten bist du intolerant. Dem egoistischen Durmada warst du das Todesfahrzeug. Du bist die Tochter des Meeres.

Mögest du immer siegreich sein, oh Bezwingerin des Büffeldämons, von Śiva geliebt, Tochter der Berge!

Ayi jagadamba madamba kadamba vana priya vāsini hāsarate
śikhari śiromaṇi tuṅgahimālaya śṛṅganijālaya madhyagate
madhu madhure madhukaiṭabha bhañjini kaiṭabha bhañjini rāsarate
jaya jaya he mahiṣāsura-mardini ramyakapardini śailasute /3

Oh Mutter! Mögest du siegreich hervorgehen. Du bist meine Mutter als auch die Mutter der gesamten Schöpfung. Der Kadamba-Wald ist deine heilige Wohnstätte, doch du weilst auch auf den majestätischen Gipfeln des Himalajas. Ein strahlendes Lächeln, süßer als Honig, ziert dein schönes Gesicht. Die Dämonen Madhu und Kaiṭabha wurden von dir zerstört. Du befreist deine Devotees von ihrer Unvollkommenheit und erfreust dich am göttlichen Rāsa-Tanz.

Mögest du immer siegreich sein, oh Bezwingerin des Büffeldämons, von Śiva geliebt, Tochter der Berge!

Ayi śata khaṇḍa vikhaṇḍita ruṇḍa vituṇḍita śuṇḍa gajādhipate
ripugaja gaṇḍa vidāraṇa caṇḍa parā krama śauṇḍa mṛgādhipate
nija bhujadaṇḍa nipātita caṇḍa vipātita muṇḍa bhaṭādhipate
jaya jaya he mahiṣāsura-mardini ramyakapardini śailasute /4

Ruhm und Ehre gebühren dir, oh Mutter! Mit der Waffe hast du deine dämonischen Feinde enthauptet und sie in hundert Teile zerstückelt. Während dein Reittier, der Löwe, die riesigen Elefanten deiner Feinde vernichtete, hast du die Asura-Armee mit tödlichen Schlägen deiner allmächtigen Hand zerstört.

Mögest du immer siegreich sein, oh Bezwingerin des Büffeldämons, von Śiva geliebt, Tochter der Berge!

Ayi raṇa durmada śatru vadhodita durdhara nirjara śaktibhṛte
catura vicāra dhurīṇa mahāśiva dūta kṛta pramathādhipate
durita durīha durāśaya durmati dānava dūta kṛtāntamate
jaya jaya he mahiṣāsura-mardini ramyakapardini śailasute /5

Durch die Vernichtung der Dämonen hast du die schwere Last, die Mutter Erde trug, verringert. Indem du den introvertierten Yogi Shiva als Friedensbotschafter wähltest, hast du die heimtückischen Absichten der Asuras zerschlagen.

Mögest du immer siegreich sein, oh Bezwingerin des Büffeldämons, von Śiva geliebt, Tochter der Berge!

Ayi śaraṇāgata vairivadhūvara vīravarābhaya dāyikare
tribhu vana mastaka śūla virodhi śirodhi kṛtāmala śūlakare
dumi dumi tāmara dundubhināda mahomukharī kṛta diṅgikare
jaya jaya he mahiṣāsura-mardini ramyakapardini śailasute /6

Oh Mutter! Den Frauen der Asuras, die Zuflucht bei dir suchten, hast du Schutz gewährt. Doch erbarmungslos hast du mit deinem Dreizack jene Dämonen enthauptet, die eine Bedrohung für die Schöpfung blieben. Diese Tat wurde von den Göttern gepriesen, die ihre Trommeln spielten, so erfüllte der rhythmische Klang ihrer Instrumente die gesamte Schöpfung.

Mögest du immer siegreich sein, oh Bezwingerin des Büffeldämons, von Śiva geliebt, Tochter der Berge!

Ayi nija humkṛti mātra nirākṛta dhūmra vilocana dhūmraśate
sama ravi śoṣita śoṇita bīja samud bhava śoṇita bījalate
śiva śiva śumbha niśumbha mahāhava tarpita bhūta piśācapate
jaya jaya he mahiṣāsura-mardini ramyakapardini śailasute /7

Oh Mutter! Wie durch ein Wunder hast du mit einem lauten ‚Hum‘, Dhūmralochana und seine bösen Verbündeten zu Asche verbrannt. Du hast Raktabija und seine Komplizen vernichtet und du hast tapfer Śumbha und Niśumbha bekämpft und getötet. Diese Tat erfreute Shiva, den Herrn der Geister und Ghule.

Mögest du immer siegreich sein, oh Bezwingerin des Büffeldämons, von Śiva geliebt, Tochter der Berge!

Dhanu ranu ṣaṅga raṇakṣaṇa saṅga parisphura daṅga naṭatkaṭake
kanaka piśaṅga pṛṣatkaniṣaṅga rasad bhaṭaśṛṅga hatā baṭuke
kṛta catu raṅga balakṣiti raṅga ghaṭad bahuraṅga raṭad baṭuke
jaya jaya he mahiṣāsura-mardini ramyakapardini śailasute /8

Oh Mutter! Die Waffen hast du in der Schlacht geschwungen, begleitet vom rhythmischen Klirren deiner Armreifen. Die Glöckchen an deinem Hüftgürtel leuchteten und blendeten deine Feinde. Über dem Schlachtfeld, auf dem verstreut deren erschlagene Körper lagen, kreisten riesige Raubvögel.

Mögest du immer siegreich sein, oh Bezwingerin des Büffeldämons, von Śiva geliebt, Tochter der Berge!

Sura lalanā tatatho tatatho tatatho bhinayottara nṛtyarate
kṛta kukutho kukutho gaḍadādika tāla kutūhala gānarate
dhudhukuṭa dhukuṭa dhimdhimita dhvani dhīra mṛdaṅga ninādarate
jaya jaya he mahiṣāsura-mardini ramyakapardini śailasute /9

Oh Mutter, Quelle des Klanges, du erfreust dich an den Bewegungen der himmlischen Tänzer, die im Rhythmus der Klänge „tatato – tatato – tatato“ und „kukutha – kukutha – kukutha“ und „ga – ga – dha“, tanzen. Ihre Trommelschläge erzeugt die Klänge „kuthu – dhukuta – dhimi“.

Mögest du immer siegreich sein, oh Bezwingerin des Büffeldämons, von Śiva geliebt, Tochter der Berge!

Jaya jaya jaya jaye jaya śabda parastuti tatpara viśvanute
jhaṇajhaṇa jhim jhimi jhimkṛta nūpura śiñjita mohita bhūtapate
naṭita naṭārdha naṭī naṭanāyaka nāṭita nāṭya sugānaratè
jaya jaya he mahiṣāsura-mardini ramyakapardini śailasute /10

Oh Mutter, alle deine Devotees singen dir zu: „Sieg! Sieg! Sieg!“ Du tanzt vereint mit Śiva seinen Tandava-Tanz und er erfreut sich am klimpernden Klang deiner Fußkettchen.

Mögest du immer siegreich sein, oh Bezwingerin des Büffeldämons, von Śiva geliebt, Tochter der Berge!

Ayi sumunaḥ sumanaḥ sumanaḥ sumanaḥ sumanohara kāntiyute
śritarajanī rajanī rajanī rajanī rajanī kara vaktrayute
sunayana vibhramara bhramara bhramara bhramara
bhramarādhipate
jaya jaya he mahiṣāsura-mardini ramyakapardini śailasute /11

Oh Mutter! Die Götter verehren dich innerlich mit Blumen und deine einnehmende Schönheit nimmt die Form der visualisierten Blüten an. Dein Gesicht ähnelt einer Lotusblume, die im Mondlicht auf einem See schwimmt. Die Locken hüpfen wie Bienen und verleihen deinen Augen noch tiefere Schönheit.

Mögest du immer siegreich sein, oh Bezwingerin des Büffeldämons, von Śiva geliebt, Tochter der Berge!

Mahita mahāhava mallamatallika vallita rallaka bhallirate
viracita vallika pallika mallika jhillika bhillika vargavṛte
sitakṛta phulla samulla sitāruṇa tallaja pallava sallalite
jaya jaya he mahiṣāsura-mardini ramyakapardini śailasute /12

Oh Mutter! Wenn die Krieger auf dem Schlachtfeld ihre Waffen niederlegen, wachst du über sie. Du bist die Zuflucht aller in der Natur lebenden Bergbewohner und Stammesmenschen. Wenn die zwölf Adityas dich erwarten, leuchtest du noch heller.

Mögest du immer siegreich sein, oh Bezwingerin des Büffeldämons, von Śiva geliebt, Tochter der Berge!

Avirala gaṇḍa galanmada medura matta mataṅgaja rājapate
tribhuvana bhūṣaṇa bhūta kalānidhi rūpa payonidhi rājasute
ayi sudatī jana lālasa mānasa mohana manmatha rājasute
jaya jaya he mahiṣāsura-mardini ramyakapardini śailasute /13

Oh Mutter! Dein majestätischer Gang gleicht dem des Elefantenkönigs, aus dessen Tempel Reichtümer im Überfluss strömen. Du bist als Mahā Lakṣmi zusammen mit dem Mond, der die drei Welten schmückt, aus dem Ozean aufgestiegen. Manmatha, der gerne junge Mädchen betört, hat Ehrfurcht vor dir, denn er ist machtlos, er kann dich nicht versklaven.

Mögest du immer siegreich sein, oh Bezwingerin des Büffeldämons, von Śiva geliebt, Tochter der Berge!

Kamala dalāmala komala kānti kalākalitāmala bhālalate
sakalavilāsa kalānilaya krama keli calat kalahaṁsakule
alikula saṅkula kuvalaya maṇḍala maulimilad-bakulālikule
jaya jaya he mahiṣāsura-mardini ramyakapardini śailasute /14

Oh Mutter! Deine wunderschöne Stirn, die breit und unvergleichbar ist, übertrifft an Glanz die Lotusblumen. Deine anmutigen Bewegungen gleichen denen eines Schwanes. Die Bakula-Blumen, die dein wehendes Haar schmücken, ziehen Schwärme von Bienen an.

Mögest du immer siegreich sein, oh Bezwingerin des Büffeldämons, von Śiva geliebt, Tochter der Berge!

Kala muralī rava vījitakūjita lajjita kokila mañjumate
milita pulinda manohara guñjita rañjita śaila nikuñjagate
nijaguṇa bhūta mahāśabarī gaṇa sad guṇa sambhṛta kelirate
jaya jaya he mahiṣāsura-mardini ramyakapardini śailasute /15

Oh Mutter! Die wohlklingenden Melodien aus deiner Flöte lassen den Kuckuck verstummen. Im Kalisha-Garten beobachtest du die Jägerinnen, deine hingebungsvollen Verehrerinnen und die Bienen summen süß.

Mögest du immer siegreich sein, oh Bezwingerin des Büffeldämons, von Śiva geliebt, Tochter der Berge!

Kaṭitaṭa pītadukūla vicitra mayūkha tiraskṛta candrarūce
praṇata surāsura mauli maṇisphura daṁśu lasannakha candraruce
jita kanakācala mauli madorjita nirbhara kuñjara kumbhakuce
jaya jaya he mahiṣāsura-mardini ramyakapardini śailasute /16

Oh Mutter! Das Gewand, das du um deine schlanke Taille trägst, übertrifft die Pracht des Mondes. Deine Zehennägel glänzen hell, und durch die Kronen der Suras und Asuras, die sich ehrfurchtsvoll vor dir verneigen, wird dieser Glanz noch verstärkt. Deine Brüste gleichen den von Wasserfällen bedeckten Gipfel des Himalajas.

Mögest du immer siegreich sein, oh Bezwingerin des Büffeldämons, von Śiva geliebt, Tochter der Berge!

Vijita sahasra karaika sahasra karaika sahasra karaika nute
kṛta suratāraka saṅgaratāraka saṅgaratāraka sūnusute
suratha samādhi samāna samādhi samādhi samādhi sujātarate
jaya jaya he mahiṣāsura-mardini ramyakapardini śailasute /17

Oh Mutter! Der Glanz der Sonne verblasst vor dir, ergibt sich und sendet tausende Strahlen zu deinen göttlichen Füßen. Tārakasuras Sohn lobt dich überschwänglich nach dem Krieg. Es ist dir eine Freude, dich in den Mantren zu manifestieren, die Devotees wie Suratha und Samādhi in Saptasati hingebungsvoll rezitieren.

Mögest du immer siegreich sein, oh Bezwingerin des Büffeldämons, von Śiva geliebt, Tochter der Berge!

Pada kamalam karuṇā nilaye vari vasyati yonudinam nuśive
ayi kamale kamalā nilaye kamalā nilayaḥ sa katham na bhavet
tava padameva param padamitya nuśīlayato mama kim na śive
jaya jaya he mahiṣāsura-mardini ramyakapardini śailasute /18

Oh Mutter! Pārvati! Dich zu verehren gewährt Wohlstand, da du auch die große Göttin Lakshmi selbst bist. Dich zu verehren und auf deine heiligen Füße zu meditieren, führt uns zum höchsten Zustand der Befreiung.

Mögest du immer siegreich sein, oh Bezwingerin des Büffeldämons, von Śiva geliebt, Tochter der Berge!

Kanakalasat kala sindhujalai ranuṣiñcati te guṇa raṅga bhuvam
bhajati sa kim na śacīkucakumbha taṭīparirambha sukhānu bhavam
tava caraṇam śaraṇam karavāṇi mṛḍāni sadāmayi dehi śivam
jaya jaya he mahiṣāsura-mardini ramyakapardini śailasute /19

Oh Mutter! Selbst eine einfache Reinigungskraft an deinem königlichen Hof genießt alle himmlischen Freuden. Bitte nimm meine demütigen Dienste an und gewähre mir alles, was du als gut für mich erachtest.

Mögest du immer siegreich sein, oh Bezwingerin des Büffeldämons, von Śiva geliebt, Tochter der Berge!

Tava vimalendu kulam vadanendu malam sakalam nanukūlayate
kimu puruhūta purīndu mukhī sumukhī bhirasau vimukhī kriyate
mama tu matam śivanāmadhane bhavatī kṛpayā kimuta kriyate
jaya jaya he mahiṣāsura-mardini ramyakapardini śailasute /20

Oh Mutter! Keine der himmlischen Schönheiten kann jemanden in Versuchung führen, der über dein schönes Gesicht meditiert. Oh Mutter von Śivas Herz, erfülle mein Leben.

Mögest du immer siegreich sein, oh Bezwingerin des Büffeldämons, von Śiva geliebt, Tochter der Berge!

Ayi mayi dīnadayālutayā kṛpayaiva tvayā bhavitavyamume
ayi jagato jananī kṛpayāsi yathāsi tathānimitāsi rame
yaducita matra bhavatyurarī kurutāduru tāpamapākuru me
jaya jaya he mahiṣāsura-mardini ramyakapardini śailasute /21

Oh Mutter! Uma! Bist du nicht bekannt für dein Mitgefühl? Sei gnädig mit mir, meine Mutter! Bitte gewähre mir die Erlösung von allen meinen Sorgen.

Ayi giri nandini nandita medini viśva vinodini nandanute giri
varavindya śirodhi nivāsini viṣṇu vilāsini jiṣṇunute
bhagavati he śitikaṇṭha kuṭumbini bhūri kuṭumbini bhūrikṛte jaya
jaya he mahiṣāsura-mardini ramyakapardini śailasute 22

Wir grüßen dich, oh Mutter! Du bist die größte Freude deines Vaters (des Himalaja), denn du hast das ganze Universum wie in einem Spiel erschaffen. Das Glück aller Wesen dieser Schöpfung, bist du, die du in der luftigen Höhe des Vindhya-Gebirges lebst, du wirst selbst von Shivas Nandi (Shivas Vehikel) gepriesen. Vishnu erhält seine schöpferische Kraft von dir allein und selbst der große Gott Indra betet nur dich an. Für dich ist die ganze Welt eine Familie.

Mögest du immer siegreich sein, oh Bezwingerin des Büffeldämons, von Śiva geliebt, Tochter der Berge!

Śrī Lalitā Sahasranāmāvali Stotram

Die Tausend Namen der göttlichen Mutter in Stotra-Form

Dhyānam – Meditationsverse

**Sindūrāruṇa vigrahām tri nayanām māṇikya mauli sphurat
tārānāyaka śekharām smita mukhīm āpīna vakṣoruhām
pāṇibhyām alipūrṇa ratna caṣakam raktotpalam bibhratīm
saumyām ratna ghaṭastha rakta caraṇām dhyāyet parām
ambikām**

Oh Mutter Ambika, ich meditiere auf Deine leuchtend rote Gestalt mit drei heiligen Augen. Du trägst ein strahlendes Kronjuwel und die aufgehende Mondsichel, und schenkst ein süßes Lächeln. Aus Deinen übersprudelnden Brüsten fließt mütterliche Liebe, in jeder Hand hältst Du einen mit Edelsteinen verzierten Becher mit einer roten Lotusblüte von Bienen umschwärmt. Deine roten Lotusfüße ruhen auf einer goldenen Schale gefüllt mit kostbaren Juwelen.

Dhyāyet padmāsanasthām vikasita vadanām padma patrāyatākṣīm
hemābhām pītavastrām kara kalita lasad hema padmām varāṅgīm
sarvālaṅkāra yuktām satatam abhayadām bhaktanamrām bhavānīm
śrī vidyām śānta mūrtim sakala sura nutāmsarva sampat pradātrīm

Oh Mutter, lass mich auf Deine wunderschöne goldene Gestalt meditieren, mit strahlendem Gesicht und großen, sanften Lotusaugen sitzt Du auf einer Lotusblüte, trägst ein Gewand aus gelber Seide, das mit strahlenden Ornamenten verziert ist. In Deiner Hand hältst Du einen goldenen Lotus, verehrt wirst Du von Deinen ergebenen Devotees, denen Du stets Zuflucht gewährst. Lass mich auf Dich meditieren, Oh Śrī Vidyā, Verkörperung des Friedens, Du wirst von den Göttern verehrt und schenkst uns allen Reichtum.

Sakuṅkuma vilepanām alika cumbi kastūrikām
samanda hasitekṣaṇām saśara cāpa pāśāṅkuśām
aśeṣa jana mohinīm aruṇa mālya bhūṣojvalām
japā kusuma bhāsurām japavidhau smaredambikām

Oh Mutter des Universums, lass mich beim Wiederholen Deines göttlichen Namens Deine Form erinnern, die die Schönheit einer Hibiskusblüte hat. Du trägst eine rote Girlande und glitzernden Schmuck, Deine Haut ist mit rotem Safran bestrichen, Deine Stirn leuchtet von einem Tropfen Moschus, dessen Duft die Bienen anzieht. In Deinen Händen hältst Du Bogen und Pfeil, Schlinge und Stachel, und ein sanftes Lächeln zeigend, wirfst Du liebevolle Blicke um Dich und bezauberst alle.

Aruṇām karuṇā taraṅgitākṣīm
dhṛta pāśāṅkuśa puṣpa bāṇa cāpām
aṇimādibhir āvṛtām mayūkhai
raham ityeva vibhāvaye maheśīm

Oh Große Göttin, lass mich mir vorstellen, dass ich Eins bin, mit Deiner glorreichen roten Gestalt, umgeben von den goldenen Strahlen von Anima und den anderen acht göttlichen Ehren, Du hältst Schlinge und Stachel, Bogen und Blumen-Pfeilen, und in Deinen Augen steigen die Wellen von Mitgefühl auf.

Stotram

1. Śrī-mātā śrī-mahā-rājñī śrīmat-siṁhāsaneśvarī
cid-agni-kuṇḍa-sambhūtā deva-kārya-samudyatā
2. Udyad-bhānu-sahasrābhā catur-bāhu-samanvitā
rāga-svarūpa-pāśāḍhyā krodhā-kārāṅkuś-ojjvalā
3. Mano-rūpekṣu-kodaṇḍā pañca-tanmātra-sāyakā
nijāruṇa-prabhāpūra-majjad-brahmāṇḍa-maṇḍalā
4. Campakāśoka-punnāga-saugandhika-lasat-kacā
kuruvinda-maṇi-śreṇī-kanat-koṭīra-maṇḍitā
5. Aṣṭamī-candra-vibhrāja-dalika-sthala-śobhitā
mukha-candra-kalaṅkābha-mṛganābhi-viśeṣakā
6. Vadana-smara-māṅgalya-gṛha-toraṇa-cillikā
vaktra-lakṣmī-parīvāha-calan-mīnābha-locanā

7. Nava-campaka-puṣpābha-nāsā-daṇḍa-virājitā
tārā-kānti-tiraskāri-nāsābharaṇa-bhāsurā

8. Kadamba-mañjarī-klṛpta-karṇa-pūra-manoharā
tāṭaṅka-yugalī-bhūta-tapanoḍupa-maṇḍalā

9. Padma-rāga-śilādarśa-paribhāvi-kapola-bhūḥ
nava-vidruma-bimba-śrī-nyakkāri-radana-cchadā

10. Śuddha-vidyāṅkurākāra-dvija-paṅkti-dvayojjvalā
karpūra-vīṭikāmoda-samākarṣad-digantarā

11. Nija-sallāpa-mādhurya-vinirbhartsita-kacchapī
manda-smita-prabhā-pūra-majjat-kāmeśa-mānasā

12. Anākalita-sādṛśya-cibuka-śrī-virājitā
kāmeśa-baddha-māṅgalya-sūtra-śobhita-kandharā

13. Kanakāṅgada-keyūra-kamanīya-bhujānvitā
ratna-graiveya-cintāka-lola-muktā-phalānvitā

14. Kāmeśvara-prema-ratna-maṇi-pratipaṇa-stanī
nābhyāla-vāla-romāli-latā-phala-kuca-dvayī

15. Lakṣya-roma-latā-dhāratā-sumunneya-madhyamā
stana-bhāra-dalan-madhya-paṭṭa-bandha-vali-trayā

16. Aruṇāruṇa-kausumbha-vastra-bhāsvat-kaṭī-taṭī
ratna-kinkiṇikā-ramya-raśanā-dāma-bhūṣitā

17. Kāmeśa-jñāta-saubhāgya-mārdavoru-dvayānvitā
māṇikya-mukuṭākāra-jānu-dvaya-virājitā

18. Indra-gopa-parikṣipta-smara-tūṇābha-jaṅghikā
gūḍha-gulphā kūrma-pṛṣṭha-jayiṣṇu-prapadānvitā

19. Nakha-dīdhiti-sañchanna-namajjana-tamoguṇa
pada-dvaya-prabhā-jāla-parākṛta-saroruhā

20. Śiñjāna-maṇi-mañjīra-maṇḍita-śrī-padāmbujā
marālī-manda-gamanā mahā-lāvaṇya-śevadhiḥ

21. **Sarvāruṇā'navadyāṅgī sarvābharaṇa-bhūṣitā**
śiva-kāmeśvarāṅkasthā śivā svādhīna-vallabhā

22. **Sumeru-madhya-śṛṅgasthā śrīman-nagara-nāyikā**
cintāmaṇi-gṛhāntasthā pañca-brahmāsana-sthitā

23. **Mahā-padmāṭavī-saṁsthā kadamba-vana-vāsinī**
sudhā-sāgara-madhyasthā kāmākṣī kāmadāyinī

24. **Devarṣi-gaṇa-saṅghāta-stūyamānātma-vaibhavā**
bhaṇḍāsura-vadhodyukta-śakti-senā-samanvitā

25. **Sampatkarī-samārūḍha-sindhura-vraja-sevitā**
aśvārūḍhādhiṣṭhitāśva-koṭi-koṭibhir-āvṛtā

26. **Chakra-rāja-rathārūḍha-sarvāyudha-pariṣkṛtā**
geya-Chakra-rathārūḍha-mantriṇī-parisevitā

27. **Kiricakra-rathārūḍha-daṇḍanāthā-puras-kṛtā**
jvālā-mālinikākṣipta-vahni-prākāra-madhyagā

**28. Bhaṇḍa-sainya-vadhodyukta-śakti-vikrama-harṣitā
nityā-parākramāṭopa-nirīkṣaṇa-samutsukā**

**29. Bhaṇḍa-putra-vadhodyukta-bālā-vikrama-nanditā
mantriṇyambā-viracita-viṣaṅga-vadha-toṣitā**

**30. Viśukra-prāṇa-haraṇa-vārāhī-vīrya-nanditā
kāmeśvara-mukhāloka-kalpita-śrī-gaṇeśvarā**

**31. Mahā-gaṇeśa-nirbhinna-vighna-yantra-praharṣitā
bhaṇḍāsurendra-nirmukta-śastra-pratyastra-varṣiṇī**

**32. Karāṅguli-nakhotpanna-nārāyaṇa-daśākṛtiḥ
mahā-pāśupatāstrāgni-nirdagdhāsura-sainikā**

**33. Kāmeśvarāstra-nirdagdha-sabhaṇḍāsura-śūnyakā
brahmopendra-mahendrādi-deva-saṁstuta-vaibhavā**

**34. Hara-netrāgni-sandagdha-kāma-sañjīvanauṣadhiḥ
śrīmad-vāgbhava-kūṭaika-svarūpa-mukha-paṅkajā**

35. **Kaṇṭhādhaḥ-kaṭi-paryanta-madhya-kūṭa-svarūpiṇī**
śakti-kūṭaikatāpanna-kaṭyadhobhāga-dhāriṇī

36. **Mūla-mantrātmikā mūla-kūṭa-traya-kalebarā**
kulāmṛtaika-rasikā kula-saṅketa-pālinī

37. **Kulāṅganā kulāntasthā kaulinī kula-yoginī**
akulā samayāntasthā samayācāra-tatparā

38. **Mūlādhāraika-nilayā brahma-granthi-vibhedinī**
maṇipūrāntar-uditā viṣṇu-granthi-vibhedinī

39. **Ājñā-cakrāntarālasthā rudra-granthi-vibhedinī**
sahasrārāmbujārūḍhā sudhā-sārābhi-varṣiṇī

40. **Taḍil-latā-sama-ruciḥ ṣaṭ-cakropari-saṁsthitā**
mahā-saktiḥ kuṇḍalinī bisa-tantu-tanīyasī

41. **Bhavānī bhāvanāgamyā bhavāraṇya-kuṭhārikā**
bhadra-priyā bhadra-mūrtir bhakta-saubhāgya-dāyinī

42. Bhakti-priyā bhakti-gamyā bhakti-vaśyā bhayāpahā
śāmbhavī śāradārādhyā śarvāṇī śarma-dāyinī

43. Śāṅkarī śrīkarī sādhvī śarac-candra-nibhānanā
śātodarī śāntimatī nirādhārā nirañjanā

44. Nirlepā nirmalā nityā nirākārā nirākulā
nirguṇā niṣkalā śāntā niṣkāmā nirupaplavā

45. Nitya-muktā nirvikārā niṣprapañcā nirāśrayā
nitya-śuddhā nitya-buddhā niravadyā nirantarā

46. Niṣkāraṇā niṣkalaṅkā nirupādhir nirīśvarā
nīrāgā rāga-mathanā nirmadā mada-nāśinī

47. Niścintā nirahaṅkārā nirmohā moha-nāśinī
nirmamā mamatā-hantrī niṣpāpā pāpa-nāśinī

48. Niṣkrodhā krodha-śamanī nirlobhā lobha-nāśinī
niḥsaṁśayā saṁśaya-ghnī nirbhavā bhava-nāśinī

49. **Nirvikalpā nirābādhā nirbhedā bheda-nāśinī**
nirnāśā mṛtyu-mathanī niṣkriyā niṣparigrahā

50. **Nistulā nīla-cikurā nirapāyā niratyayā**
durlabhā durgamā durgā duḥkha-hantrī sukha-pradā

51. **Duṣṭadūrā durācāra-śamanī doṣa-varjitā**
sarvajñā sāndrakaruṇā samānādhika-varjitā

52. **Sarva-śakti-mayī sarva-maṅgalā sad-gati-pradā**
sarveśvarī sarva-mayī sarva-mantra-svarūpiṇī

53. **Sarva-yantrātmikā sarva-tantra-rūpā manonmanī**
māheśvarī mahā-devī mahā-lakṣmī mṛḍa-priyā

54. **Mahā-rūpā mahā-pūjyā mahā-pātaka-nāśinī**
mahā-māyā mahā-sattvā mahā-śaktir mahā-ratiḥ

55. **Mahā-bhogā mahaiśvaryā mahā-vīryā mahā-balā**
mahā-buddhir mahā-siddhir mahā-yogeśvareśvarī

56. Mahā-tantrā mahā-mantrā mahā-yantrā mahāsanā
mahā-yāga-kramārādhyā mahā-bhairava-pūjitā

57. Maheśvara-mahākalpa-mahātāṇḍava-sākṣiṇī
mahā-kāmeśa-mahiṣī mahā-tripura-sundarī

58. Catuḥ-ṣaṣtyupacārāḍhyā catuḥ-ṣaṣṭi-kalāmayī
mahā-catuḥ-ṣaṣṭi-koṭi-yoginī-gaṇa-sevitā

59. Manu-vidyā candra-vidyā candra-maṇḍala-madhyagā
cāru-rūpā cāru-hāsā cāru-candra-kalā-dharā

60. Carācara-jagan-nāthā Chakra-rāja-niketanā
pārvatī padma-nayanā padma-rāga-sama-prabhā

61. Pañca-pretāsanāsīnā pañca-brahma-svarūpiṇī
cinmayī paramānandā vijñāna-ghana-rūpiṇī

62. Dhyāna-dhyātṛ-dhyeya-rūpā dharmādharma-vivarjitā
viśva-rūpā jāgariṇī svapantī taijasātmikā

63. Suptā prājñātmikā turyā sarvāvasthā-vivarjitā
sṛṣṭi-kartrī brahma-rūpā goptrī govinda-rūpiṇī

64. Saṁhāriṇī rudra-rūpā tirodhāna-kar'īśvarī
sadā-śivā'nugraha-dā pañca-kṛtya-parāyaṇā

65. Bhānu-maṇḍala-madhyasthā bhairavī bhaga-mālinī
padmāsanā bhagavatī padma-nābha-sahodarī

66. Unmeṣa-nimiṣotpanna-vipanna-bhuvanāvalī
sahasra-śīrṣa-vadanā sahasrākṣī sahasra-pāt

67. Ābrahma-kīṭa-jananī varṇāśrama-vidhāyinī
nijājñā-rūpa-nigamā puṇyāpuṇya-phala-pradā

68. Śruti-sīmanta-sindūrī-kṛta-pādābja-dhūlikā
sakalāgama-sandoha-śukti-sampuṭa-mauktikā

69. Puruṣārtha-pradā pūrṇā bhoginī bhuvaneśvarī
ambikā'nādi-nidhanā hari-brahmendra-sevitā

70. Nārāyaṇī nāda-rūpā nāma-rūpa-vivarjitā
hrīṅ-kārī hrīmatī hṛdyā heyopādeya-varjitā

71. Rāja-rājārcitā rājñī ramyā rājīva-locanā
rañjanī ramaṇī rasyā raṇat-kiṅkiṇi-mekhalā

72. Ramā rākendu-vadanā rati-rūpā rati-priyā
rakṣā-karī rākṣasa-ghnī rāmā ramaṇa-lampaṭā

73. Kāmyā kāma-kalā-rūpā kadamba-kusuma-priyā
kalyāṇī jagatī-kandā karuṇā-rasa-sāgarā

74. Kalāvatī kalālāpā kāntā kādambarī-priyā
varadā vāma-nayanā vāruṇī-mada-vihvalā

75. Viśvādhikā vedavedyā vindhyācala-nivāsinī
vidhātrī veda-jananī viṣṇu-māyā vilāsinī

76. Kṣetra-svarūpā kṣetreśī kṣetra-kṣetrajña-pālinī
kṣaya-vṛddhi-vinirmuktā kṣetra-pāla-samarcitā

77. Vijayā vimalā vandyā vandāru-jana-vatsalā
vāg-vādinī vāma-keśī vahni-maṇḍala-vāsinī

78. Bhaktimat-kalpa-latikā paśu-pāśa-vimocinī
saṁhṛtāśeṣa-pāṣaṇḍā sadācāra-pravartikā

79. Tāpa-trayāgni-santapta-samāhlādana-candrikā
taruṇī tāpasārādhyā tanu-madhyā tamopahā

80. Citis tat-pada-lakṣyārthā cid-eka-rasa-rūpiṇī
svātmānanda-lavī-bhūta-brahmādyānanda-santatiḥ

81. Parā pratyak-citī-rūpā paśyantī para-devatā
madhyamā vaikharī-rūpā bhakta-mānasa-haṁsikā

82. Kāmeśvara-prāṇa-nāḍī kṛtajñā kāma-pūjitā
śṛṅgāra-rasa-sampūrṇā jayā jālandhara-sthitā

83. Oḍyāṇa-pīṭha-nilayā bindu-maṇḍala-vāsinī
raho-yāga-kramārādhyā rahas-tarpaṇa-tarpitā

84. Sadyaḥ-prasādinī viśva-sākṣiṇī sākṣi-varjitā
ṣaḍ-aṅga-devatā-yuktā ṣāḍ-guṇya-paripūritā

85. Nitya-klinnā nirupamā nirvāṇa-sukha-dāyinī
nityā-ṣoḍaśikā-rūpā śrīkaṇṭhārdha-śarīriṇī

86. Prabhāvatī prabhā-rūpā prasiddhā parameśvarī
mūla-prakṛtir avyaktā vyaktāvyakta-svarūpiṇī

87. Vyāpinī vividhākārā vidyāvidyā-svarūpiṇī
mahā-kāmeśa-nayana-kumudāhlāda-kaumudī

88. Bhakta-hārda-tamo-bheda-bhānumad-bhānu-santatīḥ
śiva-dūtī śivārādhyā śiva-mūrtiḥ śivaṅkarī

89. Śiva-priyā śiva-parā śiṣṭeṣṭā śiṣṭapūjitā
aprameyā svaprakāśā mano-vācām-agocarā

90. Cicchaktiś cetanā-rūpā jaḍa-śaktir jaḍātmikā
gāyatrī vyāhṛtiḥ sandyā dvija-vṛnda-niṣevitā

91. **Tattvāsanā tat'vam'ayī pañca-kośāntara-sthitā**
niḥsīma-mahimā nitya-yauvanā mada-śālinī

92. **Mada-ghūrṇita-raktākṣī mada-pāṭala-gaṇḍa-bhūḥ**
candana-drava-digdhāṅgī cāmpeya-kusuma-priyā

93. **Kuśalā komalākārā kurukullā kuleśvarī**
kula-kuṇḍālayā kaula-mārga-tatpara-sevitā

94. **Kumāra-gaṇanāthāmbā tuṣṭiḥ puṣṭir matir dhṛtiḥ**
śāntiḥ svasti-matī kāntir nandinī vighna-nāśinī

95. **Tejovatī tri-nayanā lolākṣī-kāma-rūpiṇī**
mālinī haṁsinī mātā malayācala-vāsinī

96. **Sumukhī nalinī subhrūḥ śobhanā suranāyikā**
kālakaṇṭhī kānti-matī kṣobhiṇī sūkṣma-rūpiṇī

97. **Vajreśvarī vāma-devī vayovasthā-vivarjitā**
siddheśvarī siddha-vidyā siddha-mātā yaśasvinī

98. Viśuddhi-Chakra-nilayā'rakta-varṇā tri-locanā
khaṭvāngādi-praharaṇā vadanaika-samanvitā

99. Pāyasānna-priyā tvaksthā paśu-loka-bhayaṅkarī
amṛtādi-mahāśakti-saṁvṛtā ḍākinīśvarī

100. Anāhatābja-nilayā śyāmābhā vadana-dvayā
daṁṣṭrojjvalā'kṣa-mālādi-dharā rudhira-saṁsthitā

101. Kāla-rātryādi-śaktyaugha-vṛtā snigdhaudana-priyā
mahā-vīrendra-varadā rākiṇyambā-svarūpiṇī

102. Maṇipūrābja-nilayā vadana-traya-samyutā
vajrādikāyudhopetā ḍāmaryādibhir-āvṛtā

103. Rakta-varṇā māṁsa-niṣṭhā guḍānna-prīta-mānasā
samasta-bhakta-sukhadā lākinyambā-svarūpiṇī

104. Svādhiṣṭhānāmbuja-gatā catur-vaktra-manoharā
śūlādyāyudha-sampannā pīta-varṇā'ti-garvitā

**105. Medo-niṣṭhā madhu-prītā bandhinyādi-samanvitā
dadhyannāsakta-hṛdayā kākinī-rūpa-dhāriṇī**

**106. Mūlādhārāmbujārūḍhā pañca-vaktrā'sthi-saṁsthitā
aṅkuśādi-praharaṇā varadādi-niṣevitā**

**107. Mudgaudanāsakta-cittā sākinyambā-svarūpiṇī
ājñā-cakrābja-nilayā śukla-varṇā ṣad-ānanā**

**108. Majjā-saṁsthā haṁsavatī-mukhya-śakti-samanvitā
haridrānnaika-rasikā hākinī-rūpa-dhāriṇī**

**109. Sahasra-dala-padmasthā sarva-varṇopaśobhitā
sarvāyudha-dharā śukla-saṁsthitā sarvatomukhī**

**110. Sarvaudana-prīta-cittā yākinyambā-svarūpiṇī
svāhā svadhā'matir medhā śruti smṛtir anuttamā**

**111. Puṇya-kīrtiḥ puṇya-labhyā puṇya-śravaṇa-kīrtanā
pulomajārcitā bandha-mocanī barbarālakā**

112. Vimarśa-rūpiṇī vidyā viyadādi-jagat-prasūḥ
sarva-vyādhi-praśamanī sarva-mṛtyu-nivāriṇī

113. Agra-gaṇyā'cintya-rūpā kali-kalmaṣa-nāśinī
kātyāyanī kālahantrī kamalākṣa-niṣevitā

114. Tāmbūla-pūrita-mukhī dāḍimī-kusuma-prabhā
mṛgākṣī mohinī mukhyā mṛḍānī mitra-rūpiṇī

115. Nitya-tṛptā bhakta-nidhir niyantrī nikhileśvarī
maitryādi-vāsanā-labhyā mahā-pralaya-sākṣiṇī

116. Parāśaktiḥ parāniṣṭhā prajñāna-ghana-rūpiṇī
mādhvī-pānālasā mattā mātṛkā-varṇa-rūpiṇī

117. Mahākailāsa-nilayā mṛṇāla-mṛdu-dor-latā
mahanīyā dayā-mūrtir mahā-sāmrājya-śālinī

118. Ātma-vidyā mahā-vidyā śrī-vidyā kāma-sevitā
śrī-ṣoḍaśākṣarī-vidyā trikūṭā kāma-koṭikā

119. Kaṭākṣa-kiṅkarī-bhūta-kamalā-koṭi-sevitā
śiraḥsthitā candra-nibhā bhālasth'endra-dhanuḥ-prabhā

120. Hṛdayasthā ravi-prakhyā trikoṇāntara-dīpikā
dākṣāyaṇī daitya-hantrī dakṣa-yajña-vināśinī

121. Darāndolita-dīrghākṣī dara-hāsojjvalan-mukhī
guru-mūrtir guṇa-nidhir go-mātā guha-janma-bhūḥ

122. Deveśī daṇḍa-nītisthā daharākāśa-rūpiṇī
pratipan-mukhya-rākānta-tithi-maṇḍala-pūjitā

123. Kalātmikā kalā-nāthā kāvyālāpa-vinodinī
sacāmara-ramā-vāṇī-savya-dakṣiṇa-sevitā

124. Ādiśaktir ameyā'tmā paramā pāvanākṛtiḥ
aneka-koṭi-brahmāṇḍa-jananī divya-vigrahā

125. Klīṅkārī kevalā guhyā kaivalya-pada-dāyinī
tripurā trijagad-vandyā trimūrtir tridaśeśvarī

126. Tryakṣarī divya-gandhāḍhyā sindūra-tilakāñcitā
umā śailendra-tanayā gaurī gandharva-sevitā

127. Viśva-garbhā svarṇa-garbhā'varadā vāg-adhīśvarī
dhyāna-gamyā'pari-cchedyā jñānadā jñāna-vigrahā

128. Sarva-vedānta-saṁvedyā satyānanda-svarūpiṇī
lopāmudrārcitā līlā-klṛpta-brahmāṇḍa-maṇḍalā

129. Adṛśyā dṛśya-rahitā vijñātrī vedya-varjitā
yoginī yogadā yogyā yogānandā yugandharā

130. Icchā-śakti-jñāna-śakti-kriyā-śakti-svarūpiṇī
sarvādhārā supratiṣṭhā sad-asad-rūpa-dhāriṇī

131. Aṣṭa-mūrtir ajā-jaitrī loka-yātrā-vidhāyinī
ekākinī bhūma-rūpā nirdvaitā dvaita-varjitā

132. Annadā vasudā vṛddhā brahmātmaikya-svarūpiṇī
bṛhatī brāhmaṇī brāhmī brahmānandā bali-priyā

133. Bhāṣā-rūpā bṛhat-senā bhāvābhāva-vivarjitā
sukhārādhyā śubha-karī śobhanā-sulabhā-gatiḥ

134. Rāja-rājeśvarī rājya-dāyinī rājya-vallabhā
rājat-kṛpā rāja-pīṭha-niveśita-nijāśritā

135. Rājya-lakṣmīḥ kośa-nāthā catur-aṅga-baleśvarī
sāmrājya-dāyinī satya-sandhā sāgara-mekhalā

136. Dīkṣitā daitya-śamanī sarva-loka-vaśaṅkarī
sarvārtha-dātrī sāvitrī sac-cid-ānanda-rūpiṇī

137. Deśa-kālāparicchinnā sarvagā sarva-mohinī
sarasvatī śāstramayī guhāmbā guhya-rūpiṇī

138. Sarvopādhi-vinirmuktā sadāśiva-pativratā
sampradāyeśvarī sādhv'ī guru-maṇḍala-rūpiṇī

139. Kulottīrṇā bhagārādhyā māyā madhumatī mahī
gaṇāmbā guhyakārādhyā komalāṅgī guru-priyā

140. Svatantrā sarva-tantreśī dakṣiṇā-mūrti-rūpiṇī
sanakādi-samārādhyā śiva-jñāna-pradāyinī

141. Cit-kalā'nanda-kalikā prema-rūpā priyaṅkarī
nāma-pārāyaṇa-prītā nandi-vidyā naṭeśvarī

142. Mithyā-jagad-adhiṣṭhānā muktidā mukti-rūpiṇī
lāsya-priyā laya-karī lajjā rambhādi-vanditā

143. Bhava-dāva-sudhā-vṛṣṭiḥ pāpāraṇya-davānalā
daurbhāgya-tūla-vātūlā jarā-dhvānta-ravi-prabhā

144. Bhāgyābdhi-candrikā bhakta-citta-keki-ghanāghanā
roga-parvata-dambholir mṛtyu-dāru-kuṭhārikā

145. Maheśvarī mahā-kālī mahā-grāsā mahāśanā
aparṇā caṇḍikā caṇḍa-muṇḍāsura-niṣūdinī

146. Kṣarākṣarātmikā sarva-lokeśī viśva-dhāriṇī
tri-varga-dātrī subhagā tryambakā triguṇātmikā

147. **Svargāpavargadā śuddhā japā-puṣpa-nibhākṛtiḥ**
ojovatī dyuti-dharā yajña-rūpā priya-vratā

148. **Durārādhyā durādharṣā pāṭalī-kusuma-priyā**
mahatī meru-nilayā mandāra-kusuma-priyā

149. **Vīrārādhyā virāḍ-rūpā virajā viśvato-mukhī**
pratyag-rūpā parākāśā prāṇadā prāṇa-rūpiṇī

150. **Mārtāṇḍa-bhairavārādhyā mantriṇī-nyasta-rājya-dhūḥ**
tripureśī jayat-senā nistraiguṇyā parāparā

151. **Satya-jñānānanda-rūpā sāmarasya-parāyaṇā**
kapardinī kalā-mālā kāma-dhuk kāma-rūpiṇī

152. **Kalā-nidhiḥ kāvya-kalā rasa-jñā rasa-śevadhiḥ**
puṣṭā purātanā pūjyā puṣkarā puṣkarekṣaṇā

153. **Param-jyotiḥ param-dhāma paramāṇuḥ parāt-parā**
pāśa-hastā pāśa-hantrī para-mantra-vibhedinī

154. Mūrtā'mūrtā'nitya-tṛptā muni-mānasa-haṁsikā
satya-vratā satya-rūpā sarvāntar-yāminī satī

155. Brahmāṇī brahma jananī bahu-rūpā budhārcitā
prasavitrī pracaṇḍā'jñā pratiṣṭhā prakaṭākṛtiḥ

156. Prāṇeśvarī prāṇa-dātrī pañcāśat-pīṭha-rūpiṇī
viśṛṅkhalā viviktasthā vīra-mātā viyat-prasūḥ

157. Mukundā mukti-nilayā mūla-vigraha-rūpiṇī
bhāva-jñā bhava-roga-ghnī bhava-Chakra-pravartinī

158. Chandaḥ-sārā śāstra-sārā mantra-sārā talodarī
udāra-kīrtir uddāma-vaibhavā varṇa-rūpiṇī

159. Janma-mṛtyu-jarā-tapta-jana-viśrānti-dāyinī
sarvopaniṣad-udghuṣṭā śāntyatīta-kalātmikā

160. Gambhīrā gaganāntaḥsthā garvitā gāna-lolupā
kalpanā-rahitā kāṣṭhā'kāntā kāntārdha-vigrahā

161. Kārya-kāraṇa-nirmuktā kāma-keli-taraṅgitā
kanat-kanaka-tāṭaṅkā līlā-vigraha-dhāriṇī

162. Ajā kṣaya-vinirmuktā mugdhā kṣipra-prasādinī
antar-mukha-samārādhyā bahir-mukha-sudurlabhā

163. Trayī trivarga-nilayā tristhā tripura-mālinī
nir-āmayā nir-ālambā svātmārāmā sudhāsṛtiḥ

164. Saṁsāra-paṅka-nirmagna-samuddharaṇa-paṇḍitā
yajña-priyā yajña-kartrī yajamāna-svarūpiṇī

165. Dharmādhārā dhanādhyakṣā dhana-dhānya-vivardhinī
vipra-priyā vipra-rūpā viśva-bhramaṇa-kāriṇī

166. Viśva-grāsā vidrumābhā vaiṣṇavī viṣṇu-rūpiṇī
ayonir yoni-nilayā kūṭasthā kula-rūpiṇī

167. Vīra-goṣṭhī-priyā vīrā naiṣkarmyā nāda-rūpiṇī
vijñāna-kalanā kalyā vidagdhā baindavāsanā

168. Tattvādhikā tattva-mayī tat-tvam-artha-svarūpiṇī
sāma-gāna-priyā somyā sadāśiva-kuṭumbinī

169. Savyāpasavya-mārgasthā sarvāpad-vinivāriṇī
svasthā svabhāva-madhurā dhīrā dhīra-samarcitā

170. Caitanyārghya-samārādhyā caitanya-kusuma-priyā
sadoditā sadā-tuṣṭā taruṇāditya-pāṭalā

171. Dakṣiṇādakṣiṇārādhyā dara-smera-mukhāmbujā
kaulinī-kevalā'narghya-kaivalya-pada-dāyinī

172. Stotra-priyā stuti-matī śruti-saṁstuta-vaibhavā
manasvinī mānavatī maheśī maṅgalākṛtiḥ

173. Viśva-mātā jagad-dhātrī viśālākṣī virāgiṇī
pragalbhā paramodārā parā-modā manomayī

174. Vyoma-keśī vimānasthā vajriṇī vāmakeśvarī
pañca-yajña-priyā pañca-preta-mañcādhi-śāyinī

175. **Pañcamī pañca-bhūteśī pañca-saṅkhyopacāriṇī**
śāśvatī śāśvataiśvaryā śarmadā śambhu-mohinī

176. **Dharā dhara-sutā dhanyā dharmiṇī dharma-vardhinī**
lokātītā guṇātītā sarvātītā śamātmikā

177. **Bandhūka-kusuma-prakhyā bālā līlā-vinodinī**
sumaṅgalī sukha-karī suveṣāḍhyā suvāsinī

178. **SuvāsinyArchana-prītā'śobhanā śuddha-mānasā**
bindu-tarpaṇa-santuṣṭā pūrvajā tripurāmbikā

179. **Daśa-mudrā-samārādhyā tripurāśrī-vaśaṅkarī**
jñāna-mudrā jñāna-gamyā jñāna-jñeya-svarūpiṇī

180. **Yoni-mudrā trikhaṇḍeśī triguṇā'mbā trikoṇagā**
anaghā'dbhuta-cāritrā vāñchitārtha-pradāyinī

181. **Abhyāsātiśaya-jñātā ṣaḍadhvātīta-rūpiṇī**
avyāja-karuṇā-mūrtir ajñāna-dhvānta-dīpikā

182. Ābāla-gopa-viditā sarvānullaṅghya-śāsanā
śrīcakra-rāja-nilayā śrīmat-tripura-sundarī

183. Śrī-śivā śiva-śaktyaikya-rūpiṇī lalitāmbikā

Śrī Lalitā Triśatī Stotra

1. Om kakāra rūpāyai namaḥ
Wir verbeugen uns vor Devi, die der Buchstabe ‚ka' ist. Dieser Buchstabe symbolisiert das Licht. ‚Ka' ist der erste Buchstabe des ‚Pañcadaśākṣari'-Mantras (15-silbiges Mantra).

2. Om kalyāṇyai namaḥ
…die Glückverheißende.

3. Om kalyāṇa guṇa śāliṇyai namaḥ
…die alle guten Eigenschaften verkörpert.

4. Om kalyāṇa śaila nilayāyai namaḥ
…die auf dem glückverheißenden Berg (Himalaya) wohnt.

5. Om kamanīyāyai namaḥ
…die Begehrenswerte.

6. Om kalāvatyai namaḥ
…die alle Kunstfertigkeiten besitzt.

7. Om kamalākṣyai namaḥ
...die mit lotusförmigen Augen.

8. Om kanmaṣa ghnyai namaḥ
...die alle Unreinheiten zerstört.

9. Om karuṇāmṛta sāgarāyai namaḥ
...die der Nektar-Ozean des Mitgefühls ist.

10. Om kadamba kānanā vāsāyai namaḥ
...die im Kadamba-Wald wohnt (der Kadamba-Baum hat blaue Blüten).

11. Om kadamba kusuma priyāyai namaḥ
...die die Blüten des Kadamba-Baumes liebt.

12. Om kandarpa vidyāyai namaḥ
...die Weisheit des Liebesgottes.

13. Om kandarpa janakāpāṅga vīkṣaṇāyai namaḥ
...die den Liebesgott allein durch ihren Blick erschuf.

Om wir verbeugen uns vor Śrī Lalitā,

14. Om karpūra vīṭi saurabhya kallolita kakuptaṭāyai namaḥ

…deren Mund vom Kauen des Betelblattes duftet, das mit Kampfer und anderen Zutaten angereichert ist.

15. Om kali doṣa harāyai namaḥ

…die Zerstörerin der schlechten Auswirkungen des Kali Yuga.

16. Om kañja locanāyai namaḥ

…die Lotusaugen hat.

17. Om kamra vigrahāyai namaḥ

…die eine begehrenswerte Form hat.

18. Om karmādi sākṣiṇyai namaḥ

…die Zeugin aller unserer Taten, Gedanken und Worte.

19. Om kārayitryaī namaḥ

…die alle Handlungen kontrolliert.

20. Om karma phala pradāyai namaḥ
...die uns die Früchte unserer Handlungen beschert.

21. Om ekāra rūpāyai namaḥ
...die der Buchstabe ‚e' ist. ‚E' steht für die absolute Wahrheit, Brahman. Es ist der zweite Buchstabe des ‚Pañcadaśākṣari'-Mantras.

22. Om ekākṣaryai namaḥ
...die die Silbe ‚Om' ist.

23. Om ekānekākṣarā kṛtāyai namaḥ
... die Verkörperung der einzelnen Silbe ‚Om' sowie aller anderen Buchstaben.

24. Om etat tadityanirdeśyāyai namaḥ
...die weder als ‚dies' noch als ‚das' bezeichnet werden kann.

25. Om ekānanda cidākṛtayai namaḥ
...die Form der Glückseligkeit und des Bewusstseins, jenseits der Dualität.

26. Om evam ityāgamābodhyāyai namaḥ
...die nicht von den Veden beschrieben werden kann.

Om wir verbeugen uns vor Śrī Lalitā,

27. Om eka bhaktimad arcitāyai namaḥ
…die von allen mit fokussierter Hingabe verehrt wird.

28. Om ekāgra citta nirdhyātāyai namaḥ
…das Meditationsziel eines fokussierten Minds.

29. Om eṣaṇā rahitā dṛtāyai namaḥ
…die Zufluchtsstätte derer, die ohne weltliche Wünsche sind.

30. Om elā sugandhi cikurāyai namaḥ
…deren Haar den süßen Duft von Kardamom verströmt.

31. Om enaḥ kūṭa vināśinyai namaḥ
…die haufenweise Unreinheit vernichtet.

32. Om eka bhogāyai namaḥ
…die nur eine Erfahrung kennt (Selbsterfahrung).

33. Om eka rasāyai namaḥ
…die nur Glückseligkeit (des Selbst) erfährt.

34. Om ekaiśvarya pradāyinyai namaḥ
...welche die Herrlichkeit des Einheits-Bewusstseins verleiht.

35. Om ekātapatra sāmrājya pradāyai namaḥ
...die dir die Macht des Herrschers der ganzen Welt gewährt.

36. Om ekānta pūjitāyai namaḥ
...die von einem fokussierten Mind verehrt wird.

37. Om edhamāna prabhāyai namaḥ
...deren Glanz alles überstrahlt.

38. Om ekad aneka jagadīśvaryai namaḥ
...die Herrscherin über das Universum von Einheit und Dualität.

39. Om eka vīrādi samsevyāyai namaḥ
...die von tapferen Kriegern angebetet wird.

40. Om eka prābhava śālinyai namaḥ
...die über die Macht der Einen Wahrheit verfügt.

Om wir verbeugen uns vor Śrī Lalitā,

41. Om īkāra rūpāyai namaḥ

...die der Buchstabe ‚i' ist. ‚I' symbolisiert Śakti. ‚I' ist der dritte Buchstabe des ‚Pañcadaśākṣari'-Mantras.

42. Om īśitryai namaḥ

...die über alles herrscht.

43. Om īpsitārtha pradāyinyai namaḥ

...die alle begehrten Dinge schenkt.

44. Om īdṛgityavinird eśyāyai namaḥ

...die nicht durch Eigenschaften beschrieben werden kann.

45. Om īśvaratva vidhāyinyai namaḥ

...die Brahman zum Schöpfer, Bewahrer und Zerstörer macht.

46. Om īśānādi brahma mayyai namaḥ

...die Form der fünf Götter: Brahma, Vishnu, Rudra, Īśa und Sadāśiva.

47. Om īśitvādyaṣṭa siddhidāyai namaḥ
...die die acht übernatürlichen Kräfte verleiht.

48. Om īkṣitryai namaḥ
...die alles sieht.

49. Om īkṣaṇa sṛṣṭāṇḍa koṭyai namaḥ
...die Millionen von Galaxien durch einen bloßen Blick erschafft.

50. Om īśvara vallabhāyai namaḥ
... Śivas Geliebte.

51. Om īḍitāyai namaḥ
...die in den heiligen Büchern gepriesen wird.

52. Om īśvarārdhāṅga śarīrāyai namaḥ
...deren Körper zur Hälfte Śiva ist.

53. Om īśādhi devatāyai namaḥ
...die als Gottheit sogar noch über Śiva steht.

Om wir verbeugen uns vor Śrī Lalitā,

54. Om īśvara preraṇa karyai namaḥ
…die Śivas Handlungen veranlasst (die Schöpfung usw.).

55. Om īśa tāṇḍava sākṣiṇyai namaḥ
…die Śivas kosmischen Tanz bezeugt.

56. Om īśvarotsaṅga nilayāyai namaḥ
…die in Einheit mit Śiva verweilt.

57. Om īti bādhā vināśinyai namaḥ
…die unerwartetes Unheil beseitigt.

58. Om īhā virahitāyai namaḥ
…die keine Begehren hat.

59. Om īśa śaktyai namaḥ
…die Macht Śivas.

60. Om īṣat smitānanāyai namaḥ
…deren Antlitz von einem sanften Lächeln geschmückt wird.

61. Om lakāra rūpāyai namaḥ

…die der Buchstabe ‚la' ist. ‚La' symbolisiert die Welle, die Weisheit hervorbringt. ‚La' ist der vierte Buchstabe des ‚Pañcadaśākṣari'-Mantras.

62. Om lalitāyai namaḥ

…die unter dem Namen ‚Lalita' bekannt ist (die in Einfachheit verweilt).

63. Om lakṣmī vāṇī niṣevitāyai namaḥ

…die von Lakshmi (der Göttin des Reichtums) und Saraswati (der Göttin des Wissens) bedient wird.

64. Om lākinyai namaḥ

…die leicht zugänglich ist.

65. Om lalanā rūpāyai namaḥ

…die als die Göttin in allen Frauen gesehen werden kann.

66. Om lasad dāḍima pāṭalāyai namaḥ

…deren Haut in der Farbe einer Granatapfelblüte erstrahlt.

67. Om lasantikā lasat phālāyai namaḥ

…deren leuchtende Stirn ein schöner Tilaka (Punkt) ziert.

Om wir verbeugen uns vor Śrī Lalitā,

68. Om lalāṭa nayanārcitāyai namaḥ

...die von Yogis verehrt wird, deren Auge der Weisheit erwacht ist.

69. Om lakṣaṇojjvala divyāṅgyai namaḥ

...deren Glieder alle glückverheißenden Eigenschaften haben.

70. Om lakṣa koṭyaṇḍa nāyikāyai namaḥ

...die Herrscherin über Milliarden von Galaxien.

71. Om lakṣyārthāyai namaḥ

...die innere Erfahrung hinter allen vedischen Verkündigungen.

72. Om lakṣaṇāgamyāyai namaḥ

...die nicht durch Eigenschaften verstanden werden kann.

73. Om labdhakāmāyai namaḥ

...deren Wünsche erfüllt sind.

74. Om latātanave namah

...deren Körper an eine feine Schlingpflanze erinnert.

75. Om lalāmarā jadalikāyai namaḥ
...die ein Tilaka aus Moschus auf der Stirn trägt.

76. Om lambi muktā latāñcitāyai namaḥ
...die eine Perlenfußkette trägt.

77. Om lambodara prasave namaḥ
...Ganeshas Mutter.

78. Om labhyāyai namaḥ
...die zu erreichen ist.

79. Om lajjāḍhyāyai namaḥ
...die schüchtern ist.

80. Om laya varjitāyai namaḥ
...die Unzerstörbare.

81. Om hrīmkāra rūpāyai namaḥ
...die heilige Silbe ‚hrim', der fünfte Buchstabe des ‚Pañcadaśākṣari'-Mantras.

Om wir verbeugen uns vor Śrī Lalitā,

82. Om hrīmkāra nilayāyai namaḥ
…die der heiligen Silbe ‚hrim' innewohnt.

83. Om hrīm pada priyāyai namaḥ
…die der Silbe ‚hrim' zugetan ist.

84. Om hrīmkāra bījāyai namaḥ
…die der Samen des ‚hrim'-Klanges ist.

85. Om hrīmkāra mantrāyai namaḥ
…deren Mantra der Klang ‚hrim' ist.

86. Om hrīmkāra lakṣaṇāyai namaḥ
…auf die der ‚hrim'-Klang hinweist.

87. Om hrīmkāra japa suprītāyai namaḥ
…die durch ‚hrim' Japa sehr erfreut ist.

88. Om hrīmatyai namaḥ
…die Bescheidene.

89. Om hrīm vibhūṣaṇāyai namaḥ
…die durch den ‚hrim'-Klang geschmückt wird.

90. Om hrīm śīlāyai namaḥ
…die ‚hrim' manifestiert.

91. Om hrīm padārādhyāyai namaḥ
…die durch den ‚hrim'-Klang verehrt wird.

92. Om hrīm garbhāyai namaḥ
…die Quelle von ‚hrim'.

93. Om hrīm padābidhāyai namaḥ
…die durch den ‚hrim'-Klang bekannt ist.

94. Om hrīmkāra vācyāyai namaḥ
…auf die ‚hrim' hinweist.

95. Om hrīmkāra pūjyāyai namaḥ
…die durch ‚hrim' verehrt werden soll.

Om wir verbeugen uns vor Śrī Lalitā,

96. Om hrīmkāra pīṭhikāyai namaḥ

…dem Ursprung von ‚hrim'.

97. Om hrīmkāra vedyāyai namaḥ

…die als ‚hrim' bekannt ist.

98. Om hrīmkāra cintyāyai namaḥ

…an die durch ‚hrim' gedacht werden kann.

99. Om hrīm namaḥ

…die ‚hrim' ist.

100. Om hrīm śarīriṇyai namaḥ

…deren Körper ‚hrim' ist.

101. Om hakāra rūpāyai namaḥ

…die der Buchstabe ‚ha' ist. Dieser Buchstabe symbolisiert Mut, die Feinde tötet. ‚Ha' ist der sechste Buchstabe des ‚Pañcadaśākṣari'-Mantras.

102. Om hala dhṛt pūjitāyai namaḥ
...die von Balarama verehrt wird (älterer Bruder von Sri Krishna).

103. Om hariṇekṣaṇāyai namaḥ
...deren Augen wie die eines Rehs sind.

104. Om hara priyāyai namaḥ
...die Geliebte Śivas.

105. Om harārādhyāyai namaḥ
...die von Śiva verehrt wird.

106. Om hari brahmendra vanditāyai namaḥ
...die von Vishnu, Brahma und Indra verehrt wird.

107. Om hayā rūḍhā sevitāṅghryai namaḥ
...die von der berittenen Kavallerie verehrt wird.

108. Om hayamedha samarcitāyai namaḥ
...die durch das Aswamedha-Opfer verehrt wird.

Om wir verbeugen uns vor Śrī Lalitā,

109. Om haryakṣa vāhanāyai namaḥ
...die auf dem Löwen reitet (Durga).

110. Om hamsa vāhanāyai namaḥ
...die auf dem Schwan reitet (Saraswati).

111. Om hata dānavāyai namaḥ
...die Dämonen tötete.

112. Om hatyādi pāpa śamanyai namaḥ
...die sogar schwere Sünden wie Töten auslöschen kann.

113. Om harid aśvādi sevitāyai namaḥ
...die vom Reiter des grünen Pferdes (Indra) verehrt wird.

114. Om hasti kumbhottuṅga kucāyai namaḥ
...deren Brüste so aufrecht sind wie die Stirn eines Elefanten.

115. Om hasti kṛtti priyāṅganāyai namaḥ
...die Geliebte von dem, der eine Elefantenhaut trägt (Śiva).

116. Om haridrā kumkumā digdhāyai namaḥ
...deren Körper nach Kurkuma und Kumkum (Safran) duftet.

117. Om haryaśvādya marārcitāyai namaḥ
...die von Devas, wie Indra, verehrt wird.

118. Om harikeśa sakhyai namaḥ
...Śivas Freude.

119. Om hādi vidyāyai namaḥ
...die Wissenschaft des ‚Pañcadaśākṣari'-Mantras.

120. Om hālā madollāsāyai namaḥ
...die trunken ist vom Wein, der aus dem Milchozean fließt.

121. Om sakāra rūpāyai namaḥ
...die der Buchstabe ‚sa' ist. ‚Sa' symbolisiert materiellen Wohlstand und Vergnügen. ‚Sa' ist der sechste Buchstabe des ‚Pañcadaśākṣari'-Mantras.

122. Om sarvajñāyai namaḥ
...die Allwissende.

Om wir verbeugen uns vor Śrī Lalitā,

123. Om sarveśyai namaḥ
...die über alles herrscht.

124. Om sarva maṅgalāyai namaḥ
...die Verkörperung der Glückverheißung.

125. Om sarva kartryai namaḥ
...die Ausführende aller Handlungen.

126. Om sarva bhartryai namaḥ
...die alles beschützt.

127. Om sarva hantryai namaḥ
...die alles vernichtet.

128. Om sanātanāyai namaḥ
...die Ewige.

129. Om sarvānavadyāyai namaḥ
...die Makellose.

130. Om sarvāṅga sundaryai namaḥ
...deren gesamte Form schön ist.

131. Om sarva sākṣiṇyai namaḥ
...die Zeugin von allem.

132. Om sarvātmikāyai namaḥ
...die Essenz von allem.

133. Om sarva saukhya dātryai namaḥ
...die alles Glück gewährt.

134. Om sarva vimohinyai namaḥ
...die alle täuscht.

135. Om sarvādhārāyai namaḥ
...die das Substrat von allem ist.

136. Om sarva gatāyai namaḥ
...die alles durchdringt.

Om wir verbeugen uns vor Śrī Lalitā,

137. Om sarva viguṇa varjitāyai namaḥ
...die fehlerlos ist.

138. Om sarvāruṇāyai namaḥ
...deren Körper leicht rötlich ist.

139. Om sarva mātre namaḥ
...die Mutter von allem.

140. Om sarva bhūṣaṇa bhūṣitāyai namaḥ
...die mit sämtlichen Ornamenten geschmückt ist.

141. Om kakārārthāyai namaḥ
...die die Bedeutung des Buchstaben ‚ka' ist. ‚Ka' symbolisiert das Licht. ‚Ka' ist der achte Buchstabe des ‚Pañcadaśākṣari'-Mantras

142. Om kāla hantryai namaḥ
...die den Tod vernichtet.

143. Om kāmeṣyai namaḥ
...die alle Wünsche kontrolliert.

144. Om kāmitārthadāyai namaḥ
...die alle begehrten Objekte gewährt.

145. Om kāma sañjīvanyai namaḥ
...die den Gott der Liebe wieder zum Leben erweckte.

146. Om kalyāyai namaḥ
...die der Schöpfung fähig ist.

147. Om kaṭhina stana maṇḍalāyai namaḥ
...die feste Brüste hat.

148. Om kara bhorave namaḥ
...deren Schenkel einem Elefantenrüssel ähneln.

149. Om kalā nāthā mukhyai namaḥ
...deren Gesicht dem Vollmond gleicht.

Om wir verbeugen uns vor Śrī Lalitā,

150. Om kaca jitāmbudāyai namaḥ
...deren Haar an schwarze Wolken erinnern.

151. Om kaṭākṣa syandi karuṇāyai namaḥ
...deren Blick voller Mitgefühl ist.

152. Om kapāli prāṇa nāyikāyai namaḥ
...Śivas Gattin.

153. Om kāruṇya vigrahāyai namaḥ
...die Verkörperung des Mitgefühls.

154. Om kāntāyai namaḥ
...die Wunderschöne.

155. Om kānti bhūta japāvalyai namaḥ
...die wie eine Hibiskusblüte strahlt.

156. Om kalālāpāyai namaḥ
...die sich mit den Künsten beschäftigt.

157. Om kambu kaṇṭhyai namaḥ
...deren Hals Falten wie eine Spiralmuschel besitzt.

158. Om kara nirjita pallavāyai namaḥ
...deren Hände weicher sind als zarte Blattknospen.

159. Om kalpa vallī sama bhujāyai namaḥ
...deren Arme wie wunscherfüllende Kletterpflanzen sind.

160. Om kastūri tilakāñcitāyai namaḥ
...die Moschus zwischen den Augenbrauen trägt.

161. Om hakārārthāyai namaḥ
...die die Bedeutung des Buchstabens ‚ha' ist. ‚Ha' symbolisiert Geld, Mut usw. ‚Ha' ist der neunte Buchstabe des ‚Pañcadaśākṣari'-Mantras.

162. Om hamsa gatyai namaḥ
...die sich wie ein Schwan bewegt.

163. Om hāṭakābharaṇojjvalāyai namaḥ
...die im Glanz ihres goldenen Schmucks erstrahlt.

Om wir verbeugen uns vor Śrī Lalitā,

164. Om hāra hāri kucā bhogāyai namaḥ
…deren Brüste mit schönen Girlanden geschmückt sind.

165. Om hākinyai namaḥ
…die alle Anhaftungen entfernt.

166. Om halya varjitāyai namaḥ
…die keine schlechten Eigenschaften hat.

167. Om haritpati samārādhyāyai namaḥ
…die von den acht Göttern der Richtungen (Digpalakas) verehrt wird.

168. Om haṭhātkāra hatāsurāyai namaḥ
…die die Dämonen durch ihren Mut schnell tötete.

169. Om harṣa pradāyai namaḥ
…die Glück schenkt.

170. Om havir bhoktryai namaḥ
…die dem Feuer dargebrachte Opfergaben verteilt.

171. Om hārda santamas āpahāyai namaḥ
...die die Dunkelheit aus den Herzen vertreibt.

172. Om hallīsa lāsya santuṣṭāyai namaḥ
...die sich an Rasa Lila erfreut.

173. Om hamsa mantrārtha rūpiṇyai namaḥ
...die die Bedeutung des ‚hamsa'- Mantras (‚Soham', ‚Ich bin Er') ist.

174. Om hānopādāna vinirmuktāyai namaḥ
...die von Gewinn und Verlust unabhängig ist.

175. Om harṣiṇyai namaḥ
...die entzückt ist.

176. Om hari sodaryai namaḥ
...die Schwester Vishnus.

177. Om hāhā hūhū mukha stutyāyai namaḥ
...die von den himmlischen Wesen namens Haha und Huhu gepriesen wird.

Om wir verbeugen uns vor Śrī Lalitā,

178. Om hāni vṛddhi vivārjitāyai namaḥ
…die jenseits von Zerstörung oder Wachstum ist.

179. Om hayyaṅgavīna hṛdayāyai namaḥ
…deren Herz wie Butter schmilzt.

180. Om harigopāruṇāmśukāyai namaḥ
…die von roter Farbe ist.

181. Om lakārākhyāyai namaḥ
…die der Buchstabe ‚la' ist. ‚La' ist der zehnte Buchstabe des ‚Pañcadaśākṣari'-Mantras.

182. Om latā pūjyāyai namaḥ
…die von keuschen Frauen verehrt wird.

183. Om laya sthityut bhav eśvaryai namaḥ
…die Auflösung, Erhaltung und Manifestation beherrscht.

184. Om lāsya darśana santuṣṭāyai namaḥ
…die sich freut, wenn sie einem Tanz zusieht.

185. Om lābhālābha vivarjitāyai namaḥ
...die weder Gewinn noch Verlust kennt.

186. Om laṅghyetarājñāyai namaḥ
...die den Befehlen anderer nicht gehorcht.

187. Om lāvaṇya śalinyai namaḥ
...die von unvergleichlicher Schönheit ist.

188. Om laghu siddhidāyai namaḥ
...die mühelos Erfolge beschert.

189. Om lākṣā rasa savarṇābhāyai namaḥ
...die wie die Farbe des Lakṣa-Safts leuchtet (eine hellviolette Pflanze).

190. Om lakṣmaṇāgraja pūjitāyai namaḥ
...die von Rama verehrt wurde (dem älteren Bruder Lakṣmanas).

191. Om labhyetarāyai namaḥ
...die von anderen erreicht werden kann.

Om wir verbeugen uns vor Śrī Lalitā,

192. Om labdha bhakti sulabhāyai namaḥ
…die leicht durch Hingabe (Bhakti) erreicht werden kann.

193. Om lāṅgalāyudhāyai namaḥ
…die einen Pflug als Waffe hat (in ihrer Form als Adiśeṣa).

194. Om lagna cāmara hasta śrī śāradā parivījitāyai namaḥ
…welche die Dienste von Lakshmi und Saraswati genießt.

195. Om lajjāpada samārādhyāyai namaḥ
…die von den Bescheidenen verehrt wird.

196. Om lampaṭāyai namaḥ
…die vor den irdischen Prinzipien verborgen bleibt.

197. Om lakuleśvaryai namaḥ
…in der die Gemeinschaften der Welt verschmelzen.

198. Om labdha mānāyai namaḥ
…die von allen gepriesen wird.

199. Om labdha rasāyai namaḥ
...die höchste Glückseligkeit erlangt hat.

200. Om labdha sampat samunnatyai namaḥ
...die den Gipfel des Wohlstands genießt.

201. Om hrīmkāriṇyai namaḥ
...die der Buchstabe ‚hrim' ist. ‚Hrim' ist der elfte Buchstabe des ‚Pañcadaśākṣari'-Mantras.

202. Om hrīmkārādyāyai namaḥ
...der Anbeginn von ‚hrim'.

203. Om hrīm madhyāyai namaḥ
...die Mitte von ‚hrim'.

204. Om hrīm śikhāmaṇyai namaḥ
...die ‚hrim' in ihrem Kopf trägt.

205. Om hrīmkāra kuṇḍāgni śikhāyai namaḥ
...die Flamme der Feuerstätte (Homakundam),die ‚hrim' genannt ist.

Om wir verbeugen uns vor Śrī Lalitā,

206. Om hrīmkāra śaśi candrikāyai namaḥ
...die nektarartigen Mondstrahlen, die ‚hrim' genannt werden.

207. Om hrīmkāra bhāskara rucyai namaḥ
...welche die glückseligen Strahlen der Sonne ist, die man ‚hrim' nennt.

208. Om hrīmkārāmboda cañcalāyai namaḥ
...der Blitz der schwarzen Wolken, auch als ‚hrim' bekannt.

209. Om hrīmkāra kandāmkurikāyai namaḥ
...welche die keimende Ranke der Knollen mit Namen ‚hrim' ist.

210. Om hrīmkāraika parāyaṇāyai namaḥ
...die sich vollständig auf ‚hrim' verlässt.

211. Om hrīmkāra dīrghikā hamsyai namaḥ
...die der im Fluss spielende Schwan namens ‚hrim' ist.

212. Om hrīmkārodyāna kekinyai namaḥ
...die spielende Pfauenhenne im Garten von ‚hrim'.

213. Om hrīmkārāraṇya hariṇyai namaḥ
...die das Reh ist, das im ‚hrim'-Wald spielt.

214. Om hrīmkārā lavā lavallyai namaḥ
...die Kletterpflanze im Blumenbeet von ‚hrim'.

215. Om hrīmkāra pañcara śukyai namaḥ
...die der grüne Papagei im Käfig namens ‚hrim' ist.

216. Om hrīmkārāṅgaṇa dīpikāyai namaḥ
...die das Licht bewahrt im Hofe von ‚hrim'.

217. Om hrīmkāra kandarā simhyai namaḥ
...die Löwin, die in der Höhle namens ‚hrim' lebt.

218. Om hrīmkārāmbhoja bṛṅgikāyai namaḥ
...die das spielende Insekt in der Lotusblume namens ‚hrim' ist.

219. Om hrīmkāra sumano mādhvyai namaḥ
...die der Honig in der Blume namens ‚hrim' ist.

Om wir verbeugen uns vor Śrī Lalitā,

220. Om hrīmkāra taru mañjaryai namaḥ
…der Blumenstrauß im Baum, der ‚hrim' genannt wird.

221. Om sakārākhyāyai namaḥ
…die der Buchstabe ‚sa' ist. ‚Sa' ist der zwölfte Buchstabe des ‚Pañcadaśākṣari'-Mantras.

222. Om samarasāyai namaḥ
…die in allen Situationen vollkommen glückselig ist.

223. Om sakalāgama samstutāyai namaḥ
…die von allen Veden gepriesen wird.

224. Om sarva vedānta tātparya bhūmyai namaḥ
…die der Ort ist, der die Essenz aller Veden darstellt.

225. Om sad asad āśrayāyai namaḥ
…die Grundlage von allem, was ist und was nicht ist.

226. Om sakalāyai namaḥ
…die alles ist.

227. Om saccidānandāyai namaḥ
...die Sein, Bewusstsein und Glückseligkeit ist.

228. Om sādhyāyai namaḥ
...die es zu erlangen gilt.

229. Om sad gati dāyinyai namaḥ
...die Erlösung schenkt.

230. Om sanakādi muni dhyeyāyai namaḥ
...auf die die Weisen, wie z.B. Sanaka, meditieren.

231. Om sadā śiva kuṭumbinyai namaḥ
... Śivas Frau.

232. Om sakalādhiṣṭhāna rūpāyai namaḥ
...die das Substrat von allem ist.

233. Om satya rūpāyai namaḥ
...die Verkörperung der Wahrheit.

Om wir verbeugen uns vor Śrī Lalitā,

234. Om samā kṛtayai namaḥ
…deren Form ebenmäßig ist.

235. Om sarva prapañca nirmātryai namaḥ
…die das gesamte Universum erschafft.

236. Om samānādhika varjitāyai namaḥ
…die weder Gleiche noch Höhere hat.

237. Om sarvottuṅgāyai namaḥ
…die Höchste unter allen.

238. Om saṅga hīnāyai namaḥ
…die an nichts gebunden ist.

239. Om saguṇāyai namaḥ
…die gute Eigenschaften hat.

240. Om sakaleṣṭadāyai namaḥ
…die alle Wünsche erfüllt.

241. Om kakāriṇyai namaḥ
...die der Buchstabe ‚ka' ist. ‚Ka' ist der dreizehnte Buchstabe des ‚Pañcadaśākṣari'-Mantras.

242. Om kāvya lolāyai namaḥ
...die sich an Poesie erfreut.

243. Om kāmeśvara manoharāyai namaḥ
...die den Mind von Śiva stiehlt.

244. Om kāmeśvara prāṇa nāḍyai namaḥ
...Śivas Lebensnerv.

245. Om kāmeśotsaṅga vāsinyai namaḥ
...die auf dem linken Schoß Śivas sitzt.

246. Om kāmeśvarāliṅgitāṅgyai namaḥ
...die von Śiva umarmt wird.

247. Om kāmeśvara sukha pradāyai namaḥ
...die Śiva Glück schenkt.

Om wir verbeugen uns vor Śrī Lalitā,

248. Om kāmeśvara praṇayinyai namaḥ
...Śivas Geliebte.

249. Om kāmeśvara vilāsinyai namaḥ
...die das göttliche Spiel Śivas ist.

250. Om kāmeśvara tapaḥ siddhyai namaḥ
...die Śiva durch Askese erlangt hat.

251. Om kāmeśvara manaḥ priyāyai namaḥ
...die Śivas Mind erfreut.

252. Om kāmeśvara prāṇa nāthāyai namaḥ
...die Lebenslenkerin von Śiva.

253. Om kāmeśvara vimohinyai namaḥ
...die Śiva täuscht.

254. Om kāmeśvara brahma vidyāyai namaḥ
...das absolute Wissen Śivas.

255. Om kāmeśvara gṛheśvaryai namaḥ
…die Herrscherin des Hauses Śivas.

256. Om kāmeśvarāhlāda karyai namaḥ
…die Śiva höchst glücklich macht.

257. Om kāmeśvara maheśvaryai namaḥ
…die Śivas Göttin ist.

258. Om kāmeśvaryai namaḥ
…Kameśwari, Śivas Gefährtin.

259. Om kāma koṭi nilayāyai namaḥ
…die dem Kāma koti pīṭa in Kanchipuram vorsitzt.

260. Om kāṅkṣitārthadāyai namaḥ
…die die Wünsche der Devotees erfüllt.

261. Om lakāriṇyai namaḥ
…die der Buchstabe ‚la' ist. ‚La' ist der vierzehnte Buchstabe des ‚Pañcadaśākṣari'-Mantras.

Om wir verbeugen uns vor Śrī Lalitā,

262. Om labdha rūpāyai namaḥ
…die eine Form angenommen hat.

263. Om labdha dhiyai namaḥ
…die voller Weisheit ist.

264. Om labdha vāñchitāyai namaḥ
…deren Wünsche alle erfüllt werden.

265. Om labdha pāpa mano dūrāyai namaḥ
…die außerhalb der Reichweite von Sündern ist.

266. Om labdhāhaṅkāra durgamāyai namaḥ
…die für Egoisten schwer erreichbar ist.

267. Om labdha śaktyai namaḥ
…die über alle Kräfte verfügt.

268. Om labdha dehāyai namaḥ
…die eine körperliche Form annimmt.

269. Om labdhaīśvarya samunnatyai namaḥ
...die alle Pracht und Herrlichkeit besitzt.

270. Om labdha vṛddhyai namaḥ
...die sich jeglichen Wohlstands erfreut.

271. Om labdha līlāyai namaḥ
...die ein Spiel veranstaltet.

272. Om labdha yauvana śālinyai namaḥ
...die ewig Jugendliche.

273. Om labdhātiśaya sarvāṅga saundaryāyai namaḥ
...deren Form eine erstaunliche Schönheit aufweist.

274. Om labdha vibhramāyai namaḥ
...die das Spiel zur Erhaltung der Welt aufführt.

275. Om labdha rāgāyai namaḥ
...die als Liebe besteht.

Om wir verbeugen uns vor Śrī Lalitā,

276. Om labdha pataye namaḥ

…deren Ehemann Śiva ist.

277. Om labdha nānāgama sthityai namaḥ

…die alle Veden manifestiert.

278. Om labdha bhogāyai namaḥ

…die alles erlebt.

279. Om labdha sukhāyai namaḥ

…die sich ihrer Glückseligkeit erfreut.

280. Om labdha harṣābhi pūritāyai namaḥ

…die vor Freude überfließt.

281. Om hrīmkāra mūrtyai namaḥ

…die den ‚hrim'-Klang verkörpert, den fünfzehnten und letzten Buchstaben des ‚Pañcadaśākṣari'-Mantras.

282. Om hrīmkāra saudha śṛiṅga kapotikāyai namaḥ
...die Taube, die im Dach des Palastes lebt, der ‚hrim' heißt.

283. Om hrīmkāra dugdhābdhi sudhāyai namaḥ
...die der Nektar ist, der aus dem Milchozean, genannt ‚hrim', gewonnen wird.

284. Om hrīmkāra kamalendirāyai namaḥ
...die Göttin Lakshmi, die auf dem Lotus mit Namen ‚hrim' sitzt.

285. Om hrīmkāra maṇi dīparciṣe namaḥ
...die das Licht der Zierleuchte mit Namen ‚hrim' ist.

286. Om hrīmkāra taru śārikāyai namaḥ
...die Vogelfrau, die auf dem Baum mit Namen ‚hrim' lebt.

287. Om hrīmkāra peṭaka maṇyai namaḥ
...die Perle, die in das Kästchen mit Namen ‚hrim' eingeschlossen ist.

288. Om hrīmkārādarśa bimbitāyai namaḥ
...die das im Spiegel mit Namen ‚hrim' reflektierte Bild ist.

Om wir verbeugen uns vor Śrī Lalitā,

289. Om hrīmkāra kośāsilatāyai namaḥ
...die das leuchtende Schwert in der Scheide von ‚hrim' ist.

290. Om hrīmkārāsthāna nartakyai namaḥ
...die Tänzerin, die auf der Bühne mit Namen ‚hrim' tanzt.

291. Om hrīmkāra śuktikā muktāmaṇaye namaḥ
...die Perle, die in der Austernschale mit Namen ‚hrim' gefunden wurde.

292. Om hrīmkāra bodhitāyai namaḥ
...die vom Klang ‚hrim' angezeigt wird.

293. Om hrīmkāramaya sauvarṇa stambha vidruma putrikāyai namaḥ
...die Korallenstatue, die auf der leuchtenden Säulen mit Namen ‚hrim' residiert.

294. Om hrīmkāra vedopaniṣade namaḥ
...die Upanischad, die in den Veden ‚hrim' ist.

295. Om hrīmkārā dhvara dakṣiṇāyai namaḥ
...die das gespendete Geld im Tore Namens ‚hrim' ist.

296. Om hrīmkāra nandanārāma nava kalpaka vallaryai namaḥ
...die göttliche Kletterpflanze im Garten mit Namen ‚hrim'.

297. Om hrīmkāra himavad gaṅgāyai namaḥ
...der Ganges im Himalaja mit Namen ‚hrim'.

298. Om hrīmkārārṇava kaustubhāyai namaḥ
...die das kostbare Juwel ist, das vom Ozean geboren wurde, genannt ‚hrim'.

299. Om hrīmkāra mantra sarvasvāyai namaḥ
...die der gesamte Reichtum ist, der aus dem Mantra ‚hrim' hervorgeht.

300. Om hrīmkārapara saukhyadāyai namaḥ
...die das unendliche Glück von ‚hrim' gibt.

Bhagavad Gītā – Kapitel 8

Wird in Amritapuri bei Beerdigungen rezitiert

Athāṣṭo'dhyāyaḥ akṣarabrahma yogaḥ

Achtes Kapitel: „Yoga des unvergänglichen Brahman"'

Arjuna uvāca

Arjuna sprach:

Kim tad brahma kim adhyātmam/kim karma puruṣottama
adhibhūtam ca kim proktam/adhidaivam kim ucyate /1

Was ist Brahman? Was ist das höchste Selbst (Adhyātma)? Was ist Handlung (Karma)? Oh Edelster unter den Menschen, was wird als Herr der irdischen Wesen (Adhibhūta) bezeichnet? Was wird als Adhidaiva (Herr des Lichtes, der Götter) benannt?

Adhiyajñaḥ katham ko'tra/dehe'smin madhusūdana
prayāṇakāle ca katham/jñeyo'si niyatātmabhiḥ /2

Wann und wie geschieht Adhiyajna (Opferhandlung) hier in diesem Körper, oh Zerstörer von Madhu? Und wie wirst Du in der Stunde des Todes von den Menschen mit Selbstkontrolle erkannt?

Śrī Bhagavān uvāca

Der gesegnete Herr sagte:

Akṣaram brahma paramam/svabhāvo'dhyātmam ucyate
bhūta bhāvod bhava karo/visargaḥ karma saṁjñitaḥ /3

Brahman, das Unvergängliche, ist meine höchste Natur; es verleiht allen Geschöpfen Leben und ist in den Individuen als das höchste Selbst (Adhyātma) bekannt. Meine Opfergabe, die alle Geschöpfe hervorbringt, heißt Karma (die schöpferische Kraft des Individuums).

Adhibhūtam kṣaro bhāvaḥ/puruṣaś cādhidaivatam
adhiyajño'ham evātra/dehe dehabhṛtām vara /4

Der vergängliche irdische Bereich (Adhibhuta) ist der physische Körper und Purusha ist der Bereich des Lichts und Gegenstand aller Verehrung. Ich allein bin die Essenz der Opferhandlungen(Adhiyajna), die in deinem Körper gegenwärtig ist, edler Mensch.

Antakāle ca māmeva/smaran muktvā kalevaram
yaḥ prayāti sa madbhāvam/yāti nāstyatra saṁśayaḥ /5

Wenn du zum Zeitpunkt deines physischen Todes an mich denkst, dabei deinen Körper verlässt, dann kommst du direkt zu Mir, daran gibt es keinen Zweifel.

Yam yam vāpi smaran bhāvam/tyajatyante kalevaram
tam tam evaiti kaunteya/sadā tadbhāvabhāvitaḥ /6

Wenn jemand den Körper verlässt, begibt er sich dorthin, woran er zuletzt denkt. Arjuna, das liegt daran, dass seine Gedanken diese Richtung vorgeben.

Tasmāt sarveṣu kāleṣu/mām anusmara yudhya ca
mayy arpita mano buddhir/mām evaiṣyasy asaṁśayaḥ /7

Deshalb sollst du immer an mich denken, darum ringen. Mit dem Mind und Intellekt auf Mich ausgerichtet, wirst du zweifellos allein zu Mir kommen.

Abhyāsa yoga yuktena/cetasā nānya gāminā
paramam puruṣam divyam/yāti pārthānucintayan /8

Jemand, der den Mind von jeglicher Ablenkung befreit, ihn durch ständige Meditation standhaft hält und fortwährend über das Höchste, den Erhabenen, meditiert, erreicht das Höchste.

Kavim purāṇam anuśāsitāram aṇor anīyāṁsam anusmared yaḥ
sarvasya dhātāram acintya rūpam āditya varṇam tamasaḥ parastāt /9

Meditiere stets über den Allwissenden, den Weisen, den Herrscher der Welt, der winziger ist als ein Atom, dessen Form nicht erfassbar ist, der strahlend wie die Sonne und jenseits der Dunkelheit ist.

Prayāṇa kāle manasācalena bhaktyā yukto yoga balena caiva
bhruvor madhye prāṇam āveśya saṁyak sa tam param puruṣam
upaiti divyam /10

Mit einem unerschütterlichen Mind voller Hingabe, der die Lebensenergie mit der Kraft des Yoga zwischen den Augenbrauen bündelt, ein solcher Mensch erreicht zum Zeitpunkt des Todes das Strahlende, Höchste.

Yad akṣaram vedavido vadanti/ viśanti yad yatayo vītarāgāḥ
yad icchanto brahmacaryam caranti/
tat te padam saṅgraheṇa pravakṣye /11

Das, was die Kenner der Veden als unvergänglich bezeichnen, in das die Selbstbeherrschten leidenschaftslos und wunschlos eintreten, das, wofür Brahmacharya ausgeübt wird – dieses Ziel werde ich dir in Kürze darlegen.

Sarva dvārāṇi saṁyamya/mano hṛdi nirudhya ca
mūrdhny ādhāyātmanaḥ prāṇam/āsthito yogadhāraṇām /12

Alle Sinne beherrschend, den Mind nach innen im Herzen verankert, die Lebensenergie in der Mitte gesammelt, vertiefe dich in Konzentrationsübungen.

Om ity ekākṣaram brahma/vyāharan mām anusmaran
yaḥ prayāti tyajan deham/sa yāti paramām gatim /13

Derjenige, der das einsilbige „Om", das Symbol für Brahman, wiederholt und dabei Meiner gedenkt, indem er den Körper verlässt, erreicht das höchste Ziel.

Ananya cetāḥ satatam yo/mām smarati nityaśaḥ
tasyāham sulabhaḥ pārtha/nitya yuktasya yoginaḥ /14

Oh Arjuna, ich bin leicht erreichbar für den Yogi, der beständig und unerschütterlich jeden Tag an Mich denkt, ohne an etwas anderes zu denken.

Mām upetya punar janma/duḥkhālayam aśāśvatam
nāpnuvanti mahātmānaḥ/saṁsiddhim paramām gatāḥ /15

Nachdem sie mich erreicht haben, werden diese großen Wesen nicht wieder in dieser vergänglichen Welt des Schmerzes geboren. Sie haben die höchste Vollkommenheit erlangt.

Ābrahma bhuvanāl lokāḥ/punar āvartino'rjuna
mām upetya tu kaunteya/punar janma na vidyate /16

Bis hin zum Reich Brahmas, dem Schöpfer, sind alle dem Kreislauf der Wiedergeburt unterworfen. Oh Arjuna, aber derjenige, der Mich erreicht, wird niemals wiedergeboren.

Sahasra yuga paryantam/ahar yad brahmaṇo viduḥ
rātrim yuga sahasrāntām/te'ho rātra vido janāḥ /17

Diejenigen, welche die Länge des Tages von Brahma und die Länge der Nacht von Brahma kennen, die jede tausend Epochen dauern, jene kennen Tag und Nacht.

Avyaktād vyaktayaḥ sarvāḥ/prabhavanty aharāgame
rātry āgame pralīyante/tatraivāvyakta sāṁjñake /18

Bei (Brahmas) Tagesanbruch geht alles Manifeste aus dem Unmanifesten hervor. Wenn (Brahmas) Nacht hereinbricht, löst sich alles in dasselbe Unmanifestierte auf.

Bhūta grāmaḥ sa evāyam/bhūtvā bhūtvā pralīyate
rātry āgame'vaśaḥ pārtha/prabhavaty ahar āgame /19

Oh Arjuna, die unzähligen Wesen werden immer wieder hilflos geboren und aufgelöst, während all der aufeinanderfolgenden Tage und Nächte von Brahma.

Paras tasmāt tu bhāvo'nyo/'vyakto'vyaktāt sanātanaḥ
yaḥ sa sarveṣu bhūteṣu/naśyatsu na vinaśyati /20

Aber wahrlich, es gibt das ewige Sein, das Jenseits allem Unmanifesten liegt. Dies wird nicht zerstört, auch wenn alle Wesen zerstört werden.

Avyakto'kṣara ity uktas/tam āhuḥ paramām gatim
yam prāpya na nivartante/tad dhāma paramam mama /21

Das Unvergängliche ist das höchste Ziel. Diejenigen, die es erreichen, kehren niemals zurück. Das ist Mein höchster Wohnsitz.

Puruṣaḥ sa paraḥ pārtha/bhaktyā labhyas tvananyayā
yasyāntaḥ sthāni bhūtāni/yena sarvam idam tatam /22

Dieser höchste Purusha, oh Arjuna, ist durch unerschütterliche Hingabe erreichbar. In Ihm weilen alle Wesen, er durchdringt alles.

Yatra kāle tvanāvṛttim/āvṛttim caiva yoginaḥ
prayātā yānti tam kālam/vakṣyāmi bharatarṣabha /23

Nun werde ich dir sagen, zu welcher Zeit die Yogis ihren Körper verlassen, um wiederzukehren und zu welcher Zeit sie ihn verlassen, um nie wieder zu kommen.

Agnir jyotir ahaḥ śuklaḥ/ṣaṇmāsā uttarāyaṇam
tatra prayātā gacchanti/brahma brahma vido janāḥ /24

Feuer, Licht, Tageszeit, die helle Hälfte des Monats und die sechs Monate der nördlichen Sonnenwende – wenn sie diesem Pfad folgen, gehen die Wissenden von Brahman zu Brahman.

Dhūmo rātris tathā kṛṣṇaḥ/ṣaṇmāsā dakṣiṇāyanam
tatra cāndramasam jyotir/yogī prāpya nivartate /25

Rauch, Nacht, die dunkle Hälfte des Monats und die sechs Monate der südlichen Sonnenwende – wenn sie diesem Pfad folgen und das Mondlicht erreichen, kehrt der Yogi zurück.

Śuklakṛṣṇe gatī hyete/jagataḥ śāśvate mate
ekayā yāty anāvṛttim/anyayā'vartate punaḥ /26

Der Pfad des Lichts und der Pfad der Dunkelheit, beide stehen der Welt ewig zur Verfügung. Geht man durch den Pfad des Lichts kehrt man nicht zurück; durch den Pfad der Dunkelheit kehrt man wieder zurück.

Naite sṛtī pārtha jānan/yogī muhyati kaścana
tasmāt sarveṣu kāleṣu/yogayukto bhavārjuna /27

Da der Yogi diese beiden Pfade kennt, ist er überhaupt nicht verwirrt. Sei daher zu jeder Zeit fest im Yoga verankert, Arjuna.

Vadeṣu yajñeṣu tapaḥsu caiva dāneṣu yat puṇya phalam pradiṣṭam
atyeti tat sarvam idam viditvā yogī param sthānam upaiti cādyam /28

Welchen Verdienst man auch immer durch das Studium der Veden, durch das Darbringen von Opfern oder durch das Praktizieren von Entsagungen und Wohltätigkeit erlangt, über diesen Verdienst hinaus geht der Yogi, der diese beiden Pfade kennt und erreicht so das Höchste.

Om tat sat iti śrīmad bhagavadgītāsu
upaniṣadsu brahma vidyāyām
yoga śāstre śrī kṛṣṇārjuna saṁvāde
akṣarabrahma yogo nāmāṣṭo'dhyāyaḥ

So endet das achte Kapitel der Upanishad, die vom Herrn gesprochen wurde, der Wissenschaft von Brahman, der Lehre des Yoga, der Dialog zwischen Sri Krishna und Arjuna mit dem Titel „Yoga des unvergänglichen Brahman."

Om sarva dharmān parityajya mām ekam śaraṇam vraja
aham tvā sarva pāpebhyo mokṣayiṣyāmi mā śucaḥ (Ch. 18.66)

Lass alle Dharmas hinter dir, nimm Zuflucht in Mir allein. Ich werde dich von allen Sünden befreien; sorge dich nicht.

Bhagavad Gītā – Kapitel 15

Dieses Kapitel wird in Amritapuri vor dem Essen rezitiert, im Anschluss folgt das Yagna Mantra.

Atha pañcadaśo'dhyāyaḥ puruśottama yogaḥ

Fünfzehntes Kapitel „Yoga des Höchsten Wesens"

Śrī bhagavān uvāca

Der gesegnete Herr sprach:

Ūrdhva mūlam adhaḥ-śākham/aśvattham prāhur avyayam
chandāṁsi yasya parṇāni/yas tam veda sa veda vit /1

Die Weisen sprechen von einem ewigen Aśvattha Baum (Samsara Baum), dessen Wurzeln oben sind, dessen Äste nach unten zeigen und dessen Blätter die Veden sind. Derjenige, der dies weiß, ist ein Kenner der Veden.

Adhaś cordhvam prasṛtās tasya śākhā/guṇa-pravṛddhā viṣaya-
pravālāḥ
adhaś ca mālāny-anusantatāni/ karmānubandhīni manuṣya-loke /2

Die Zweige, genährt von den Gunas, und die Triebe sind die Sinnesobjekte. Sie wachsen nach unten und oben. Ferner sind die Wurzeln nach unten ausgebreitet und verursachen die Handlungen in der Welt der Menschen.

Na rūpam asyeha tathopalabhyate/
nānto na cādir na ca sampratiṣṭhā
aśvattham enam suvirūḍha mūlam/
asaṇga śastreṇa dṛḍhena chittvā /3

Diese Form („des Baumes“) wird hier (auf Erden) nicht wahrgenommen. Er hat weder Anfang, Mitte noch Ende. Dieser tief verwurzelte Aśvattha Baum muss mit der Axt der Losgelöstheit gefällt werden.

Tataḥ padam tat parimārgitavyam/
yasmin gatā na nivartanti bhūyaḥ

tam eva cādyam puruṣam prapadye/
yataḥ pravṛttiḥ prasṛtā purāṇī /4

Dann sollte man das Ziel anstreben, von dem niemand mehr zurückkehrt. Man sollte beten, sich hingeben und Zuflucht bei dem ursprünglichen Gott suchen, von dem die ewige Schöpfung ausgeht.

Nirmāna-mohā jita-saṇga-doṣā/ adhyātma-nityā vinivṛtta-kāmāḥ
dvandvair vimuktāḥ sukha-duḥkha-saṁjñair/ gaccanty-amūḍhāḥ
padam avyayam tat /5

Derjenige, der frei von Stolz, Illusion und Unwissenheit ist, schädliche Anhaftung besiegt hat, frei von Wünschen ist und der die Gegensätze wie Freude und Leid überwunden hat, der sein Leben beständig dem spirituellen Ziel widmet und der weise ist, derjenige erreicht das ewige Ziel.

Na tad bhāsayate sūryo/na śaśāṇko na pāvakaḥ
yad gatvā na nivartante/tad dhāma paramam mama /6

Weder Sonne noch Mond noch Feuer erhellen diesen, meinen höchsten Aufenthaltsort. Wer ihn erreicht, wird nicht zurückkehren.

Mamaivāṁśo jīva-loke/jīva bhūtaḥ sanātanaḥ
manaḥ-ṣaṣṭhānīndriyāṇi/prakṛti-sthāni karṣati /7

Ein Fragment meines Selbst manifestiert sich in der Form des ewigen Jiva (Individuum) in der materiellen Welt. Dieser Teil zieht die Sinnesorgane und den Mind als sechstes Organ an, die alle dem Körper innewohnen.

Śarīram yad avāpnoti/yac cāpy-utkrāmatīśvaraḥ
gṛhītvaitāni saṁyāti/vāyur gandhān ivāśayāt /8

Wenn der Herr einen Körper verlässt und wenn Er einen anderen Körper betritt, so nimmt Er die Sinnesorgane mit, so wie der Wind den Duft von einem Ort zum anderen weht.

Śrotram cakṣuḥ sparśanam ca/rasanam ghrāṇam eva ca
adhiṣṭhāya manaś cāyam/viṣayān upasevate /9

Indem Er Ohr, Auge, Haut, Zunge und Nase sowie den Mind wiederherstellt, erlebt Er (der manifestierte Teil) alle Sinnesobjekte.

Utkrāmantam sthitam vāpi/bhuñjānam vā guṇānvitam
vimūḍhā nānupaśyanti/paśyanti jñāna-cakṣuṣaḥ /10

Die Verblendeten (Unwissenden) erkennen Ihn nicht, Ihn, der den Körper verlässt, im Körper verbleibt oder den Körper genießt, während er von den Eigenschaften (Gunas) des Körpers begleitet wird. Doch jene mit dem Auge des Wissens erkennen Ihn.

Yatanto yoginaś cainam/paśyanty-ātmany-avasthitam
yatanto'py-akṛtātmāno/nainam paśyanty-acetasaḥ /11

Die strebenden Yogis sehen Ihn gegenwärtig im Körper. Die mit unvollkommenem Mind, die ohne Unterscheidungskraft finden, sehen ihn trotz aller Bemühungen nicht.

Yad āditya-gatam tejo/jagad bhāsayate'khilam
yac candramasi yac cāgnau/tat tejo viddhi māmakam /12

Das Licht der Sonne, welches das ganze Universum erleuchtet, das Licht im Mond und im Feuer verstehe, wisse, dass es mein Licht ist.

Gām āviśya ca bhūtāni/dhārayāmy-aham ojasā
puṣṇāmi cauṣadhīḥ sarvāḥ/somo bhūtvā rasātmakaḥ /13

In die Erde eingetreten, erhalte ich alle Wesen mit (meiner) Energie. Nachdem ich der vitale Mond geworden bin, lasse ich alle Pflanzen gedeihen.

Aham vaiśvānaro bhūtvā/prāṇinām deham āśritaḥ
prāṇāpāna-samāyuktaḥ/pacāmy-annam catur-vidham /14

Als Verdauungsfeuer verweile ich im Körper aller Wesen, unterstützt durch die Einatmung und Ausatmung verdaue ich die vier Nahrungsarten.

Sarvasya cāham hṛdi sanniviṣṭo/
mattaḥ smṛtir jñānam apohanam ca
vedaiś ca sarvair aham eva vedyo/
vedānta kṛd veda vid eva cāham /15

In den Herzen aller Wesen wohne ich. Erinnerung, Wissen und Vergessen kommen allein von Mir. Durch alle Veden hindurch allein bin Ich, den es zu erkennen gilt. Ich bin der Begründer der vedischen Tradition und der Wissende der Veden.

Dvāv imau puruṣau loke/kṣaraś cākṣara eva ca
kṣaraḥ sarvāṇi bhūtāni/kūṭa-stho'kṣara ucyate /16

Das Vergängliche und das Unvergängliche - das sind die beiden Purushas der Welt. Alle Dinge und Wesen sind vergänglich. Das Unveränderliche wird als unvergänglich bezeichnet.

Uttamaḥ puruṣas tvanyaḥ/paramātmety-udāhṛtaḥ
yo loka-trayam āviśya/bibharty-avyaya īśvaraḥ /17

Von diesen verschieden ist der höchste Purusha, der als das Höchste Selbst betrachtet wird, der die drei Welten durchdringt und aufrechterhält. Es ist der unvergängliche Herr.

Yasmāt kṣaram atītoham/akṣarād api cottamaḥ
ato'smi loke vede ca/prathitaḥ puruṣottamaḥ /18

Da ich jenseits von Ksharapurusha und jenseits von Aksharapurusha weile, bin ich in der Welt der Veden und in den Veden als Purushottama bekannt.

Yo mām evam asammūḍho/jānāti puruṣottamam
sa sarva vid bhajati mām/sarva bhāvena bhārata /19

Ohne Verblendung (Unwissenheit) ist derjenige, der Mich kennt, den Purushottama, der Wissende von allem. Oh Arjuna, er verehrt Mich von ganzem Herzen.

Iti guhyatamam śāstram/idam uktam mayānagha
etad buddhvā buddhimān syāt/kṛta kṛtyaś ca bhārata /20

Oh Arjuna, dies ist das geheimste Wissen, das von Mir je weitergegeben wurde. Wer dies kennt, wird weise und erfüllt.

Om tat sat, iti śrīmad bhagavadgītāsu
upaniṣadsu brahma vidyāyām
yoga śāstre śrī kṛṣṇārjuna saṁvāde
puruṣottama yogo nāma pañcadaśo'dhyāyaḥ

So endet das fünfzehnte Kapitel der Upanishad, die vom Herrn gesprochen wurde, die Wissenschaft von Brahman, die Lehre des Yoga, der Dialog zwischen Sri Krishna und Arjuna mit dem Titel „Yoga des höchsten Wesens".

Om sarva-dharmān parityajya mām ekam śaraṇam vraja
aham tvā sarva-pāpebhyo mokṣayiṣyāmi mā śucaḥ

(Kap. 18.66)

Lass alle Dharmas hinter dir, nimm Zuflucht in Mir allein. Ich werde Dich von allen Sünden befreien; sorge dich nicht!

Yagna Mantra

Darbingungs Mantra, Bhagavad Gītā 4.24
Wird in Amritapuri vor den Mahlzeiten rezitiert.

Om
Brahmārpaṇam brahma havir
brahmāgnau brahmaṇā hutam
brahmaiva tena gantavyam
brahma karma samādhinā
Om śāntiḥ śāntiḥ śāntiḥ
Om śrī gurubhyo namaḥ
harī om

Om
Brahman ist das Opfer, Brahman ist die Opfergabe.
Brahman gibt die Opfergabe, in das Feuer des Brahmans.
In Brahman geht derjenige ein, der beim Handeln ständig im Brahman weilt.

Om Frieden, Frieden, Frieden.

Om Verehrung für die glückverheißenden Gurus - Hari Om.

Ārati

Eine Hymne an Amma, die während dem Ārati (das Schwenken von brennendem Kampfer) gesungen wird, gefolgt von den Abschlussgebeten.

om jaya jaya jagad jananī vande amṛtānandamayī
maṇgaîa ārati mātaḥ bhavāni amṛtānandamayī
mātā amṛtānandamayī /1

Om, Sieg der Mutter des Universums, wir verneigen uns vor Dir, Amritanandamayi. Ein überaus glückverheißendes Ārati für Dich, Mutter Bhavāni, oh Mutter der unsterblichen Glückseligkeit, Mata Amritanandamayi.

jana mana nija śukhadāyini mātā amṛtānandamayī
maṇgaîa kāriṇi vande jananī amṛtānandamayī
mātā amṛtānandamayī /2

Lobpreisung an Dich, Mutter. Du schenkst den Menschen wahres Glück, Amritanandamayi. Wir verneigen uns vor Dir, die alles Glückverheißende gibt, Mata Amritanandamayi.

sakalāgama niga mādiṣu carite amṛtānandamayī
nikhilāmaya hara jananī vande amṛtānandamayī
mātā amṛtānandamayī /3

Die Vedas und Śastras preisen Dich, oh Mutter Amritanandamayi. Wir verneigen uns vor Dir, die alles Unglück und Leid zerstört, Mata Amritanandamayi.

prema rasāmṛta varṣini mātā amṛtānandamayī
prema bhakti sandāyini mātā amṛtānandamayī mātā amṛtānandamayī /4

Mutter, Du verströmst den Nektar der Liebe, Amritanandamayi. Du schenkst uns Deine bedingungslose Liebe, Mata Amritanandamayi.

śamadama dāyini manalaya kāriṇi amṛtānandamayī
satatam mama hṛdi vasatām devi amṛtānandamayī
mātā amṛtānandamayī /5

Du gibst uns innere und äußere Kontrolle und befreist unseren Mind, Amritanandamayi. Oh Devi, göttliche Mutter, gütigst verweile immer in meinem Herzen, Mata Amritanandamayi.

patitoddhāra nirantara hṛdaye amṛtānandamayī
paramahamsa pada nilaye devī amṛtānandamayī
mātā amṛtānandamayī /6

Dein Herzenswunsch ist es, all die Gefallene auf ewig wieder zu erheben, Amritanandamayi. Oh Devi, Du verweilst stets im Zustand des Paramahamsa (höchste Verwirklichung), Mata Amritanandamayi.

he jananī jani maraṇa nivāriṇi amṛtānandamayī
he śrita jana paripālini jayatām amṛtānandamayī
mātā amṛtānandamayī /7

Oh Mutter, Du erlöst uns aus dem Kreislauf von Geburt und Tod, Amritanandamayi. Mutter, Du beschützt alle, die Zuflucht bei Dir suchen, Mata Amritanandamayi.

sura jana pūjita jaya jagadambā amṛtānandamayī
sahaja samādhi sudanye devī amṛtānandamayī
mātā amṛtānandamayī /8

Oh Mutter, die von den Göttern verehrt wird, Amritanandamayi. Oh göttliche Mutter, die erfüllt und verankert im natürlichen Zustand von Samādhi ist, Mata Amritanandamayi.

om jaya jaya jagad jananī vande amṛtānandamayī
maṇgaîa ārati mātaḥ bhavāni amṛtānandamayī
mātā amṛtānandamayī /9

Om, Sieg der Mutter des Universums, wir verneigen uns vor Dir, Amritanandamayi. Ein überaus glückverheißendes Ārati für Dich, Mutter Bhavāni, oh, Mutter der unsterblichen Glückseligkeit, Mata Amritanandamayi.

jai bolo sadguru mātā amṛtānandamayī devī kī

(Lead-Stimme) Sag: Ehrerbietung der Lehrerin der Wahrheit Mata Amritanandamayi Devi!

jai

(Antwort:) Ehrerbietung!

Guru Stotram

Eine Hymne an den Guru.

Akhaṇḍamaṇḍalākaram/vyāptam yena carācaram
tatpadam darśitam yena/tasmai śrī gurave namaḥ /1

Meine Ehrerbietung an den Guru, der die höchste, unteilbare Essenz offenbart, die das ganze Universum sich bewegender und nicht bewegender Wesen durchdringt.

Ajñāna timirāndhasya/jñānāñjana śalākayā
cakṣurunmīlitam yena/tasmai śrī gurave namaḥ /2

Meine Ehrerbietung an den Guru, der uns aus der dunklen Unwissenheit rettet und uns Wissen und die Wahrheit wiedergibt.

Gururbrahmā gururviṣṇuḥ/gururdevo maheśvaraḥ
guru sākṣāt param brahma/tasmai śrī gurave namaḥ /3

Meine Ehrerbietung an den Guru, der Brahmā, Viṣṇu und Śiva ist. Der Guru ist Brahman, das höchste Selbst.

Sthāvaram jaṅgamam vyāptam/yatkiñcit sacarācaram
tatpadam darśitam yena/tasmai śrī gurave namaḥ /4

Meine Ehrerbietung an den Guru, der die wahre Natur aller Wesen enthüllt, aller, ob beweglich oder nicht, tot oder lebendig.

Cinmayam vyāpiyat sarvam/trailokyam sacarācaram
tatpadam darśitam yena/tasmai śrī gurave namaḥ /5

Meine Ehrerbietung an den Guru, der die reine Intelligenz offenbart, die alle sich bewegenden und sich nicht bewegenden Wesen in den drei Welten belebt.

Sarva śruti śiroratna/virājita padāmbujaḥ
vedāntāmbuja sūryo yaḥ/tasmai śrī gurave namaḥ /6

Meine Ehrerbietung an den Guru, dessen gesegnete Füße mit Edelsteinen geschmückt sind, welche die Offenbarung der heiligen Schriften sind. Der Guru ist die Sonne, die die Blume der Weisheit zum Erblühen bringt.

Caitanya śāśvata śānta/vyomātīto nirañjanaḥ
bindunādakalātītaḥ/tasmai śrī gurave namaḥ /7

Meine Ehrerbietung an den Guru, der die Intelligenz selbst ist, der ewig ist, der in unvergänglichem Frieden und in Glückseligkeit weilt, jenseits von Raum und Zeit, der rein ist und der jenseits von Klang und Sichtbarem existiert.

Jñānaśakti samārūḍhaḥ/tattvamālā vibhūṣitaḥ
bhukti mukti pradātā ca/tasmai śrī gurave namaḥ /8

Meine Ehrerbietung an den Guru, der die Macht des Wissens ausübt, der mit einer Girlande aus Edelsteinen der Wahrheit geschmückt ist und der sowohl materiellen Wohlstand als auch spirituelle Befreiung gewährt.

Anekajanma samprāpta/karmabandha vidāhine
ātma jñānā pradānena/tasmai śrī gurave namaḥ /9

Ehrerbietung an den Guru, der das Licht des Wissens enthüllt und so das unheilvolle Schicksal zerstört, das sich in unzähligen Leben angesammelt hat.

Śoṣaṇam bhavasindhośca/jñāpanam sārasampadaḥ
guroḥ pādodakam samyak/tasmai śrī gurave namaḥ /10

Meine Ehrerbietung an den Guru, der durch die Berührung seiner Füße Wasser heiligt, Wasser, das den Ozean der Illusionen trockenlegt und uns die einzige, wahre Zufriedenheit verleiht.

Na guroradhikam tattvam/na guroradhikam tapaḥ
tattvajñānāt param nāsti/tasmai śrī gurave namaḥ /11

Es gibt keine Wahrheit, die höher ist als der Guru, es gibt kein größeres Tapas als den Guru, es gibt kein Wissen, das höher ist als das Seine. Höchste Ehrerbietung an den Guru.

Mannāthaḥ śrī jagannāthaḥ/madguruḥ śrī jagadguruḥ
madātmā sarvabhūtātmā/tasmai śrī gurave namaḥ /12

Mein Gott ist der Gott des Universums, mein Guru ist der Guru der drei Welten, mein Selbst ist das Selbst in allen Wesen. Höchste Ehrerbietung an den Guru.

Gurur ādiranādiśca guruḥ/paramadaivatam
guroḥ parataram nāsti/tasmai śrī gurave namaḥ /13

Er lebt, doch er wurde nie geboren; der Satguru ist die höchste Wahrheit. Der Satguru steht über allem im Universum. Höchste Ehrerbietung an den Guru.

Devī Bhujaṅgam

Ein Liebeslied an Devi Bhavani, komponiert von Adi Shankaracharya.

Ṣaḍādhāra paṅkeruhāntar virājat
suṣumnāntarāleti tejollasantīm
vibantīm sudhāmaṇḍalam drāvayantīm
sudha mūrti mīḍhe mahānanta rūpām /1

Ich verbeuge mich vor der Verkörperung des Nektars, die als ewige und unvergängliche Glückseligkeit erstrahlt, die im leuchtenden Suṣumna der sechs Chakras ruht und die den silbernen Glanz des Mondes schmelzen lässt, um sein himmlisches Licht zu trinken.

Jvalat koṭi bālārka bhāsāruṇāṅgīm
sulāvaṇyaśṛṅgāra śobhābhirāmām
mahāpatma kiñjalkamadhye virājat
trikoṇollasantīm bhaje śrī bhavānīm /2

Ich preise jene Bhavāni, die im Dreieck thront, das inmitten der Staubfäden des großen Lotus erstrahlt, die den Glanz von Abermillionen aufgehender Sonnen hat, deren Schönheit unvergleichlich ist und die die gesamte Schöpfung durch ihre Anmut in ihren Bann zieht.

Kvaṇal kiṅkiṇī nūvuro bhāsiranta
prabhālīḍha lākṣārdra pādāravindam
ajeśācyutādyais surais sevyamānām
mahādevi! manmūrdhni te bhāvayāmi /3

Oh erhabene Göttin, lass Deine gesegneten Füße, geschmückt mit funkelnden, juwelenbesetzten Glöckchen, die in dem schimmernden Glanz des feuchten Lacks leuchten und von Vishnu, Brahma und den anderen Göttern ehrfürchtig verehrt werden, auf meinem Haupt ruhen und mich mit Deinem Segen überschütten.

Suśoṇāmbarā badhnī virājan
mahāratnakāñcīkalāpam nitambam
sphuraddakṣiṇāvartanābhiścatisro
valīramba! te romarājīm bhajeham /4

Ich verehre Deine zarte Haarsträhne auf Deinem Bauch, Deinen strahlenden Nabel, der sich sanft nach links windet, Deine Hüften, umhüllt von purpurnem Gewand, Deine schmale Taille, die vom sanften Klingen eines goldenen Gürtels umrahmt ist, geschmückt mit den kostbarsten Edelsteinen.

Lasat vṛtta muttuṅga māṇikya kumbho
pama śrī stanadvantvam ambāmbujākṣi
bhaje dugdha pūrṇābhirāmam tvadīyam
mahā hāra dīptam sadā vismitāsyam /5

Ich verehre Deine zwillingshaften, leuchtenden Brüste, die sich stolz erheben, voll von lebensspendender Milch, rund wie ein mit funkelnden Edelsteinen verzierter Krug, die immerwährend im Glanz der nährenden Fülle erstrahlen. Oh Mutter, mit Augen so sanft wie Lotusblüten.

Śirīṣa prasūnollasal bāhū daṇḍair
jjvalalbāṇakodaṇḍa pāśāmkuśāśca
calalkaṅkaṇoddāma keyūra bhūṣol
lasac chrīkarām bhojamābāhumīḍe /6

In tiefer Verehrung preise ich Bhavāni, deren leuchtende Arme so zart wie die Śirīṣa-Blüten sind, die Pfeil und Bogen, Schlinge und Treibstock tragen und deren Armreifen und Armbänder im Glanz erstrahlen.

Sunāsāpuṭam patma patrā yatākṣam
mukham devi bhakteṣ ṭada śrī kaṭākṣam
lalāṭ ojjvalat gandha kastūribhūṣ
ojjvalat pūrṇa candra prabham te bhajeham /7

In Verehrung preise ich Bhavāni, die voll lieblicher Anmut den Herbstmond überstrahlt, deren Gesicht einem Lotus gleich in Frieden blüht, und die mit einem glitzernden Halsband und schimmernden Ohrringen gekrönt ist.

Calal kuntalānubhramal bhṛṅgavṛndair
ghanastigdha dhammila bhūṣojjvalantīm
sphuran mauli māṇikya baddhendurekhā
vilāsollasad divya murdhānamīḍe /8

Ich preise Dein Haupt, das mit dem sanften Bogen des Halbmonds geschmückt ist, geschmückt von einer Reihe funkelnder Edelsteine, wo die dichten Locken von einem Tanz der Bienen erfüllt sind, die sich im süßen Duft der dicht geflochtenen weißen Jasminblüten wiegen.

Iti śrī bhavānī svarūpam tavaivam
prapañcāl parañ cāti sūkṣmam prasannam
sphuratvamba! ḍimbhasya me hṛt saroje
sadā vāṅmayam sarva tejo maya tvam /9

Diese erhabene Form von Dir, oh Bhavāni, die weit über das Universum hinaus erstrahlt, möge in ihrer feinen Essenz in meinem Herzen wie ein Lotus leuchten und mich in Deinem strahlenden Licht segnen, sodass ich den Reichtum der Worte erlange.

Gaṇeśāṇi mādyākhilaiś śakti vṛndaiḥ
sphurat śrī mahā chakra rāje lasantīm
parām rājarājeśvarī traipurīm tvām
śivāṅkoparistham śivām tvam bhajeham /10

Ich meditiere über Dich, oh Gemahlin Śivas, wie Du sanft und anmutig auf seinem Schoß ruhst, umgeben von den Śaktis, die von Lord Ganeśa angeführt werden, Du die in strahlender Pracht auf dem erhabenen Chakra-Thron sitzt, als Tripura und Rajarajeshvar.

Tvam arkas tvam agnis tvam āpas tvam indus
tvam ākāśa bhūr vāyu sarvam tvameva
tvadanyam na kiṅcil prakāśosti sarvam
sadānanda saṁvitsvarūpam bhajeham /11

Ich besinge Dich als Verkörperung der glückseligen Weisheit, über die es nichts Höheres gibt. Du bist Sonne, Feuer, Wasser und Mond, Du bist Äther, Erde und Wind, Du bist wahrlich alles, Du bist die Essenz allen Seins.

Śivas tvam gurus tvaṇca śaktis tvameva
tvamevāsi mātā pita ca tvameva
tvamevāsi vidyā tvamevāsi bandhur
gatiramme matirdevi sarvam tvameva /12

Du bist Śiva, Du bist mein Lehrer, Du bist die Göttin Śakti. Du bist meine Mutter, Du bist mein Vater, Du bist das ewige Wissen und meine einzige Familie. Du bist meine einzige Zuflucht, mein einziger Gedanke. Alles, was ich mir denken kann, bist Du.

Śrutī nāmagamyam purāṇairagamyam
mahimnānu jānanti pāram tavātra
stutim kartumicchāmi te tvam bhavāni
kṣamasvaivam amba pramugdhaḥ kilāham /13

Auch wenn mir die wahre Größe Deines Wesens verborgen bleibt, sehne ich mich danach, Dich zu preisen, oh Bhavāni. Du bist die Allwissende, die Hüterin der Veden und Agamas, und doch bist Du jenseits der Reichweite aller Schriften. Verzeihe mir daher, dass ich es wage, Dich in meiner Unwissenheit zu ehren.

Śaraṇyai vareṇyai sukāruṇya pūrṇair
hiraṇyodarādyai ragaṇyais supūrṇaiḥ
bhavāraṇya bhītaśca mām pāhi bhadre
namaste namaste punaste namostu! /14

Lobpreis Dir, Lobpreis Dir und nochmals Lobpreis Dir, oh Bhavāni. Du bist meine Zuflucht, mein Segen und die Quelle aller Gnade. Als die Höchste aller Devas, oh

Heilige, beschütze mich vor den verworrenen Wegen dieses undurchdringlichen Dschungels des Lebens.

Bhavānī bhavānī bhavānīti vaṇī
mudārāmudāram mudā ye bhajanti
na śoko na pāpo na rogo na mṛtyuḥ
kadācil kadacil kadacinnarāṇām /15

In tiefer Hingabe rufe den heiligen Namen Bhavānis dreimal und immer wieder und befreie Dich von Kummer, Leidenschaft, Sünde und Angst in alle Ewigkeit und auf allen Pfaden des Lebens.

Idam śuddhacitto bhavānī bhujaṅgam
paṭhan buddhimān bhaktiyuktaśca tasmai
svakīyam padam śāśvatam vedasāram
śriyaṅceṣṭasiddhiśca devīdadāti /16

Wer auch immer mit Hingabe dieses große Lied liest, das die Herrlichkeit Bhavānis von Kopf bis Fuß preist, wird einen dauerhaften Ort der Erlösung erreichen, der die tiefste Essenz der Veden verkörpert und wird mit unermesslichem Reichtum und den acht verborgenen Kräften des Universums gesegnet sein.

Annapūrṇa Stotram

Eine Hymne an die allnährende Mutter.

Nityānandakarī varābhayakarī saundaryaratnākarī
nirdhūtākhila ghora pāpanikarī pratyakṣa māheśvarī
prāleyācala vamśa pāvanakarī kāśīpuraādhīśvarī
bhikṣām dehi kṛpāvalambanakarī mātānnapūrṇeśvarī /1

Oh Mutter Annapūrneshvari, bitte gewähre mir Deine Almosen. Du, die ewige Freude und Segen spendet, die unseren Ängsten ein Ende setzt. Indem Du unsere Sünden reinigst, schenkst Du uns mentale Reinheit. Oh erhabene Göttin, die das heilige Geschlecht des Himavan gereinigt hat, Herrscherin von Kāṣi, Du bist die Verkörperung des Mitgefühls.

Nānāratna vicitrabhūṣaṇakarī hemāmbarāḍambarī
mūktāhāra vilambamāna vilasadvakṣojakumbhāntarī
kāṣmīrā garuvāsitā rucikarī kāśīpurādhīśvarī
bhikṣām dehi kṛpāvalambanakarī mātānnapūrṇeśvarī /2

Oh Mutter Annapūrṇeśvari, bitte gewähre mir Deine Almosen. Deine Hände sind mit kostbaren Schmuckstücken und funkelnden Juwelen verziert und Du trägst prachtvolle Gewänder aus goldenem Stoff. Um Deine Brüste und Deine schmale Taille legen sich zarte Girlanden aus Perlen. Du duftest wundervoll nach dem Weihrauch von Kaschmir. Du, die in vollkommener Schönheit erstrahlt, Herrscherin von Kāṣi, Du bist die Verkörperung des Mitgefühls.

Yogānandakarī ripukṣayakarī dharmaikaniṣṭhākarī
candrārkānalabhāsamānalaharī trailokyarakṣākarī
sarvaiśvarya karī tapaḥ phalakarī kāśīpurādhīśvarī
bhikṣām dehi kṛpāvalambanakarī mātānnapūrṇeśvarī /3

Oh Mutter Annapūrṇeśvari, bitte gewähre mir Deine Almosen. Du schenkst die Glückseligkeit des Yoga. Durch deine Gnade werden unsere Feinde zerstört und unsere Füße sicher auf den Pfad des Dharma geleitet. Du leuchtest in der strahlenden Pracht von Mond, Sonne und Feuer. Du beschützt die drei Welten. Aus Dir fließen alle Reichtümer und die Früchte der asketischen Praxis. Herrscherin von Kāṣi, Du bist die Verkörperung des Mitgefühls.

Kailāsācala kandarālayakarī gaurī umā śaṅkarī
kaumārī nigamārthagocarakarī omkārabījākṣarī
mokṣadvārakavāṭapāṭanakarī kāśīpurādhīśvarī
bhikṣām dehi kṛpāvalambanakarī mātānnapūrṇeśvarī /4

Oh Mutter Annapūrṇeśvari, bitte gewähre mir Deine Almosen. Du wohnst in den Höhlen des Kailash-Berges. Oh Uma, Du strahlst in einem goldenen Glanz. Gemahlin von Lord Shiva, gesegnet mit ewiger Jugend, offenbarst Du die tiefsten Geheimnisse der Veden. Als Verkörperung des heiligen ‚OM' öffnest Du die Tore zur ewigen Befreiung, Herrscherin von Kāṣi, Du bist die Verkörperung des Mitgefühls.

Dṛśyādṛśya vibhūtivāhanakarī brahmāṇḍabhāṇḍodarī
līlānāṭaka sūtra bhedanakarī vijñānadīpāṅkurī
śrī viśveśāmanaḥ prasādakarī kāśīpurādhīśvarī
bhikṣām dehi kṛpāvalambanakarī mātānnapūrṇeśvarī /5

Oh Mutter Annapūrṇeśvari, bitte gewähre mir Deine Almosen. Du gewährst alle sichtbaren und unsichtbaren Segnungen. In Dir ist das gesamte Universum. Diese Welt ist ein Drama, das Du selbst geschaffen hast. Du bist das lodernde Feuer in der Fackel der Weisheit. Der Mind des Herrn des Universums erfreut sich an Dir. Herrscherin von Kāṣi, Du bist die Verkörperung des Mitgefühls.

Urvīsarvajaneśvarī jayakarī mātākṛpāsāgarī
veṇīnīlasamānakuntaladharī nityānnadāneśvarī
sākṣānmokṣakarī sadā śubhakarī kāśīpurādhīśvarī
bhikṣām dehi kṛpāvalambanakarī mātānnapūrṇeśvarī /6

Oh Mutter Annapūrṇeśvari, bitte gewähre mir Deine Almosen. Du bist die Königin der Welt. Indem Du Deine mütterliche Liebe über alle ergießt, gewährst du uns

Erfolg. Oh Ozean der Güte, mit Deinen schön geflochtenen Haaren versorgst Du alle Lebewesen mit allem, was sie brauchen. Du gewährst allen die Erlösung, alle Deine Taten sind stets segensreich. Herrscherin von Kāṣi, Du bist die Verkörperung des Mitgefühls.

Ādikṣānta samasta varṇanakari śambhostri bhāvākarī
kāśmīrā tripureśvarī triṇayanī viśveśvarī śarvarī
kāmākāṅkṣakarī janodayakarī kāśīpurādhīśvarī
bhikṣām dehi kṛpāvalambanakarī mātānnapūrṇeśvarī /7

Oh Mutter Annapūrṇeśvari, bitte gewähre mir Deine Almosen. Die Buchstaben des Alphabetes hast Du geschaffen. Du überwachst Śambus dreifachen Aspekt der Schöpfung, des Erhalts und der Auflösung. Gekleidet in Safran, Gefährtin des dreiäugigen Bezwingers von Tripura, Herrscherin des Universums, in Dir vereinen sich die Schönheit der Nacht und Du öffnest weit die Tore zum Himmel. Herrscherin von Kāṣi, Du bist die Verkörperung des Mitgefühls.

Devī sarva vicitraratnaracitā dākṣāyaṇī sundarī
vāmā svādupayodharā priyakarī saubhāgya māheśvarī
bhaktābhīṣṭakarī sadā śubhakarī kāśīpurādhīśvarī
bhikṣām dehi kṛpāvalambanakarī mātānnapūrṇeśvarī /8

Oh Mutter Annapūrṇeśvari, bitte gewähre mir Deine Almosen. Oh Strahlende, geschmückt mit seltenen Edelsteinen, liebliche Tochter des Dākṣa, Du bist gesegnet mit vollkommener Anmut und edlen Tugenden. Immer in heiligen Taten vertieft, erfüllst Du die Wünsche derer, die Dir ihr Herz öffnen, Herrscherin von Kāṣi, Du bist die Verkörperung des Mitgefühls.

Candrārkānalakoṭi koṭisadṛśī candrām śubimbādharī
candrārkāgni samāna kuṇḍaladharī candrārkavarṇeśvarī
mālāpustakapāśasāṅkuśadharī kāśīpurādhīśvarī
bhikṣām dehi kṛpāvalambanakarī mātānnapūrṇeśvarī /9

Oh Annapūrṇeśvari, bitte gewähre mir Deine Almosen. Dein Strahlen übertrifft tausend Monde, Sonnen und Feuer zusammen. Deine Lippen sind wie kostbare, saftige Früchte und bezaubern wie das sanfte Licht des Mondes. Deine Schönheit übertrifft die himmlischen Körper. In Deinen Händen hältst Du eine Girlande, ein heiliges Buch, ein Seil und einen Stachel, Herrscherin von Kāṣi, Du bist die Verkörperung des Mitgefühls.

Kṣatratrāṇakarī mahābhayakarī mātā kṛpāsāgarī
sarvānandakarī sadā śivakarī viśveśvarīśrīdharī
dakṣākrandakarī nirāmayakarī kāśīpurādhīśvarī
bhikṣām dehi kṛpāvalambanakarī mātānnapūrṇeśvarī /10

Oh Mutter Annapūrṇeśvari, bitte gewähre mir Deine Almosen. Wie ein mutiger Krieger bietest Du Schutz und vertreibst alle Ängste. Oh Mutter, Ozean der Güte, Du bringst Glück und Freude in die Herzen. Glückverheißende, Du regierst über das Universum und lenkst das Schicksal. Dakṣa Prajapati hast Du in tiefe Trauer gestürzt. Du bist die Heilerin aller Leiden, Herrscherin von Kāṣi, Du bist die Verkörperung des Mitgefühls

Annapūrṇe sadāpūrṇe śaṅkaraprāṇavallabhe
jñānavairāgya siddhyartham bhikṣām dehi ca pārvati /11

Oh Mutter Annapūrṇeśvari, immer voll und nie erschöpft, Du bist die strahlende die Essenz des Lebens, oh Gefährtin von Śankara, gewähre mir die Gnade, in Wissen und Entsagung gefestigt zu sein.

Mātā me pārvatī devi pitā devo maheśvaraḥ
bāndhavāḥ śivabhaktāśca svadeśo bhuvanatrayam /12

Pārvatī Devī ist meine Göttliche Mutter und Maheśvara ist mein Vater. Die Verehrer Shivas sind meine Familie; die drei Welten sind mein Zuhause.

Abschluss-Mantren

Om asatomā sadgamaya
tamasomā jyotirgamaya
mṛityormā amṛtamgamaya
om śāntiḥ śāntiḥ śāntiḥ

Om, führe uns von der Unwahrheit zur Wahrheit,
von der Dunkelheit ins Licht,
vom Tod zur Unsterblichkeit.
Om, Frieden, Frieden, Frieden.

330

Om lokāḥ samastāḥ sukhino bhavantū
lokāḥ samastāḥ sukhino bhavantū
lokāḥ samastāḥ sukhino bhavantū
om śāntiḥ śāntiḥ śāntiḥ

Om, mögen alle Wesen in allen Welten glücklich sein.
Om, Frieden, Frieden, Frieden.

Om pūrṇamadaḥ pūrṇamidam
pūrṇāt pūrṇamudacyate
pūrṇasya pūrṇamādāya
pūrṇam-evā-vaśiśyate
om śāntiḥ śāntiḥ śāntiḥ

Om, das ist das Ganze,
dies ist das Ganze,
aus dem Ganzen wird das Ganze offenbar,
wenn man das Ganze vom Ganzen wegnimmt,
bleibt das Ganze.
Om, Frieden, Frieden, Frieden.

Om śrī gurubhyo namaḥ – harī om

Om, Verehrung für die glückverheißenden Gurus
Hari Om

Hinweise zur Aussprache

Vokale

Vokale können kurz oder lang (Querstrich) sein, o und e sind im Sanskrit immer lang.

a	kurz wie	**a**	in Bann
ā	lang wie	**a**	in Bahn
i	kurz wie	**i**	in minne
ī	lang wie	**ie**	in Miene
u	kurz wie	**u**	in Bus
ū	lang wie	**u**	in Buße
e	lang wie	**e**	in Sehne
ai	wie	**ei**	in bei
o	lang wie	**o**	in Bohne
au	wie	**au**	in Pfau
ṛ	wie	**r**	in roh
ṁ	Vor einem gutturalen Laut als ṅ, vor einem Gaumenlaut als ñ, vor einem retroflexen Laut als ṇ, vor einem dentalen Laut als n und vor einem labialen Laut als m.		
ḥ	aḥ wird aha	iḥ wird ihi	uḥ wird uhu

Konsonanten

Konsonanten sind entweder mit einem deutlichen Hauchlaut (kh) oder ganz ohne angesetzt.

k	wie	**k**	in Kamm
kh	wie	**kh**	in schalkhaft
g	wie	**g**	in Gold
gh	wie	**gh**	in taghell
ṅ	wie	**ng**	in Rang
c	wie	**tsch**	in Kutsche
ch	wie	**tsch+h**	in Kutschhof
j	wie	**dsch**	in Dschungel
jh	wie	**dgeh**	wie in English hedgehog
ñ	wie	**nj**	in Sonja

Die Buchstaben mit einem Punkt darunter (ṭ, ṭh, ḍ, ḍh und ṇ) werden mit hinter den Zähnen zurückgerollter Zunge gebildet (retroflex), die anderen (t, th, d, dh und n) mit der Zungenspitze an den Zähnen.

ṭ, t	wie	**t**	in Tonne
ṭh, th	wie	**th**	in Berthold
ḍ, d	wie	**d**	in Donner
ḍh, dh	wie	**dh**	in schadhaft
ṇ, n	wie	**n**	in na!

p	wie	**p**	in Park
ph	wie	**ph**	in Knappheit
b	wie	**b**	in Bild
bh	wie	**bh**	in glaubhaft
m	wie	**m**	in Mutter

ṣ	wie	**sch**	ṣ wie sch in Schiff, wird mit hinter den Zähnen zurückgerollter Zunge gebildet.
ś	wie	**sch**	ś wie sch in Schiff, Zunge gegen den Gaumen.
s	wie	**ß**	in weiß
h	wie	**h**	in heiß
y	wie	**j**	in ja
r	wie	**r**	in Italienisch Roma
l	wie	**l**	in lieb
v	wie	**w**	in wenn

Bei einem Doppelkonsonanten (cc, jj, tt, dd, mm, nn, pp u.a.) verweilt man länger auf dem jeweiligen Laut; der vorhergehende Vokal verkürzt sich nicht.

Besondere Buchstabenkombination: jn gn schwächer ausgesprochen als in Gnade.

Für die richtige Aussprache bedarf es einiger Übung. Amma versichert uns, dass die göttliche Mutter uns auch versteht, selbst wenn wir noch am Üben sind.

www.ingramcontent.com/pod-product-compliance
Lightning Source LLC
Chambersburg PA
CBHW051413090426
42737CB00014B/2640
* 9 7 8 1 6 8 0 3 7 9 1 8 1 *